西園芳信著

質の経験としてのデューイ芸術的経験論と教育

風間書房

まえがき

この著書の目的は、デューイの芸術論、『経験としての芸術』（*Art as experiemnce*, 1934）の理論的解明を通して、芸術教育哲学、就中音楽教育の原理を導出することである。

筆者は、大学院修士課程において音楽教育を専攻し、音楽を教育の観点から研究した。この大学院時代の指導教員、小宮山倭教授にデューイの『経験としての芸術』『経験と教育』（*Experience and Education*, 1938）『民主主義と教育』（*Democracy and Education*, 1916）『学校と社会』（*School and Society*, 1899）『経験と自然』（*Experience and Nature*, 1929）の著書を紹介され、前三冊はこの教授の授業においてテキストとなり講読した。このような大学院での教育経験から、筆者はデューイの芸術論や教育論に魅せられ影響を受けた。

そして、筆者は教員養成大学の教科教育の教員としての職を得、専門分野としての音楽教育学の研究と教育に携わってきた。この音楽教育学の研究と教育において、筆者は特に音楽カリキュラム構成論、授業論、評価論について理論的・実践的に研究を進めてきた。このような音楽教育学の専門的研究を進めるに当たっては、常にデューイの芸術論や教育論が研究の基礎理論となり、自らの思考を深める際の糧となった。そして、この音楽教育学の研究と教育を進める際に、筆者の意識にはいつも次の課題があった。この課題を究明することが、この著書の研究の動機となっている。

第一は、デューイの『経験としての芸術』の全体の論理構造を掴むという課題である。大学院生のときにデューイのこの芸術論を講読する授業を受けた。だが、部分的には理解できたが、正直、この芸術論を支える哲学と全体の論理構造が掴めなかった。このとき、時間をかけ、デューイの『経験としての芸術』の哲学と論理構造を掴みたいと思った。この課題を解決するために、その後、筆者は日本デューイ学会の会員になり、毎年開催される年次大会に参加し、芸術論だけでなく、教育論、宗教論、知識論等、デューイの著作を基にした研究発表を聞き、学会誌の論文を読んだ。また、早稲田大学の峰島旭雄教授の下で行われていた月一回の「デューイを読む会」に参加し『経験と自然』を講読する経験もした。そして、二〇〇〇年になって漸く、学会においてデューイの『経験としての芸術』を基にした研究発表をすることができた。それ以来、毎年この芸術論に関する研究を発表し、論文として投稿してきた。

第二は、これまでもデューイの芸術論を理論的基礎とした音楽教育論が提唱されているが、しかし、これらはデューイの芸術論の最も重要な点を逃していると言え、このことから、デューイの芸術論の中核のところを反映した芸術教育哲学、就中音楽教育の原理を現すことである。

例えば、デューイの芸術論だけではないが、少なくともこれを理論的基礎とした音楽教育論にベネット・リーマー（Bennett Reimer）の『音楽教育哲学』（*A Philosophy of Music Education*, 1970）がある。この著書は、アメリカ一九六〇年代以降の科学主義によるカリキュラム改革において、音楽教育の立場の理論書の一つであった。そして、この『音楽教育哲学』を基にした音楽カリキュラムには、リーマーも編集の一人として携わった音楽教科書『ミュージック』（*Music*. 1974–1985）がある。この『音楽教育哲学』を具体化した音楽教科書は、拙著『小学校音楽科カリキュラム構成に関する教育実践学的研究—「芸術の知」の能力の育成を目的として—』（風間書房、二〇〇五年）で明らかにしたように、教科の指導内容としてはリズム・旋律・速度・強弱等の音楽の形式的側面と音楽の背景となる文化的側面が中心となっていて、芸術としての音楽の指導内容で中核と言える音楽の質、曲想・特質・雰囲気等の音楽の内容的側面が指導内容になっていない。

ベネット・リーマーは、アメリカのイリノイ大学において美的経験と宗教的経験の共通性に関する博士論文（"The Common Dimensions of Aesthetic and Religious Experience." 1963）によってEd.D.の学位を取得している。彼は、この博士論文においてデューイの『経験としての芸術』も重要な基礎理論とし、論文の第二章では「経験の中の質」（Quality in Experience）の表題でデューイの芸術的経験における質の問題を取り上げ、これを分析的に捉えている。しかし、先にも述べたように音楽教科書においては、芸術的経験としての質を反映したものになっていないのである。

デューイの芸術論において最も中心的部分は、芸術的経験は、自然の感覚的質の経験を音・色彩等の媒介を通して表現し、自然と精神が融合・合一する経験で、そして、そこで扱う内容は「質」（quality）であるというところにある。ベネット・リーマーの所論を含め、これまでの音楽教育論では、デューイの芸術論を基に理論構築していてもこの点が見落とされている。[1] 教科の中で独自の世界として存在意義があり、また、人間形成において寄与するところは、この「質」であり、この点を内容とした芸術教育を理論化することが課題となる。この著書は、このことに応えようとするものである。

第三は、日本の音楽教育は、技能の教育に偏っていると言え、技能中心ではなく、芸術の本質を反映したもので、しかも人間形成に結びつく音楽教育の理論を創出することである。日本は、近代化の中で明治の初めに西洋の学校制度を導入し、これを機に学校に音楽（唱歌）教育を実施した。この時の音楽教育は、結果的に西洋音楽を西洋式の指導方法で展開するものであった。教材とした西洋音楽は、当時既に西洋文化の中で十分に発展したもので、芸術としてどの文化圏の人をも魅了する力を備えていた。その音楽を学校の教材とした。このような方法は、植物の成長に例えれば、成長の最後の花だけを切り取って日本に輸入することと同じと言える。植物の花を花だけを切り取って輸入するとなると、どうしてもその花の形を作ることに目がいき、それを実現するために技能が優先される。土壌の中で種子が養分をとり、また、光を浴び茎が生長するというところが無視される。つまり、日本の風土・文化・歴史の中で育まれたわれわれの感性と連続した芸術表現の教育というものになっていない。このような方法で日本の音楽教育は展開されてきた。

人間形成としての音楽教育は、外部世界に音楽を表現するとともに、内部世界としての子どもの感受性を育成するようにするものでなければならない。それは、生成の原理となる。デューイの芸術論は、芸術は日常の生活経験が発展したもので、自然の素材に具わる感覚的質の経験を音・色彩等の媒介によって外部世界に作品を形作り、人間の感覚・感性・知性・意志等の内部世界を再構成するという理論である。ここには、作品を生成するとともに精神を生成するという、いわば、風土・文化・歴史の中で育まれるわれわれの感性と相互作用しながら表現をつくるという理論がある。この著書は、音楽教育を技能中心ではなく、人間形成に結びつく理論を創出するという課題に応えようとするものである。

以上の三点の課題を解決するために、本研究を進めてきた。しかし、まだ、本研究は、上記の課題に応えるためにデューイの芸術的経験論を整理し、そこから芸術教育哲学、就中音楽教育の原理を導出することで終わっている。今後の課題は、この研究を基に生成の原理による体系的な音楽教育哲学を現すことである。

注

（1）例えば、A・P・シャンツは、博士論文「音楽教育の新しい価値論―デューイ、マイヤー、ウォルターシュトルフに基づく―」において、「音楽の価値」の項でデューイの芸術論も取り上げ、「芸術は、質の経験を保持している」（「芸術の仕事は、われわれが住んでいる世界の質を引き出し強めることである。」）とし、デューイの芸術論の価値は「質の経験」にあると指摘している。その上で芸術の価値は、「実在を表示しそこから意味あるものをもたらす」としている。しかし、音楽的価値の批評のところでは、音楽の価値には本質的価値と道具的価値があるとしているが、その価値は「質の経験」になるとは述べていない。そして、音楽的価値の指導方法としては、デューイの教育論から、経験の連続性（continuity）と相互作用（interaction）を導出している。（Allen Paul Schantz, 1983. "A New Statement of Values for Music Education Based on the Writing of Dewey, Meyer and Walterstorff." Ph.D.dissertation, University of Colorado.）

目次

序章　本研究の目的と各章の概要

本研究の目的は、デューイの芸術論における主著、『経験としての芸術』（*Art as Experience*, 1934）の理論的解明を通して、芸術教育哲学、就中音楽教育の原理を導出することである。そこでデューイ芸術論の全体構造を理解するために、自らの課題をもって研究を進めた。第一章から第十章までの課題と概要は、次の通りである。終章では、以上のデューイの芸術論、すなわち芸術的経験論の解明を通して芸術教育哲学を導出し、それを提案した。

第一章　自然と精神の統一としての芸術的経験。自然主義的経験論としてのデューイ哲学において、芸術的経験は、どのように捉えられているのか。この第一章では、デューイの哲学、自然主義的経験論における芸術的経験の位置を明らかにすることを課題にした。デューイ哲学は、自然主義的経験論で、その哲学の立場は、自然（物質）と精神（人間）とは連続しているという「一元論」である。無生物、生物、人間は、自然において相互作用としての経験をする。人間は、調和としての生活経験において、不安・問題をもつと反省的思考を介して自然との相互作用を行い、不安・問題の解決をする。その結果、自然の中で精神をもつ人間は、区別される。この中で、自然との調和を保っている経験を一次的経験と言い、反省的思考を伴った経験を二次的経験と言う。この反省的思考を伴った経験の一つが芸術的経験となる。

第二章　芸術的経験と感情。第二章では、芸術的経験における感情（emotion）の機能を明らかにすることを課題にした。古今の美学論・芸術論においては、芸術は人間感情を表現するとか、浄化するものと捉えられているが、果たして芸術の表現内容は感情なのか、また、芸術的経験において感情はどのような機能をするのか。デューイ芸術論によると、次のようになる。芸術的経験において感情は、表現の素材に所属している価値を抽き出しその抽象した価値を「一つの経験」へ向かって発展的に凝集する力を持つ。しかし、芸術活動における感情は、表現内容ではない。表現内容は、「質」（quality）となる。

第三章　芸術的経験論における表現内容としての「質」（quality）。第三章では、芸術的経験論における表現内容となる「質」の特性を明らかにすることを課題にした。芸術的経験における表現内容は、「質」であるとすれば、この「質」は、どのような実在なのか。自然には、数量では扱えず感覚によってしか扱えない「質」、すなわち「感覚的質」が存在する。この「質」は、芸術的経験においては「媒介」を通して表現され、芸術作品には、例えば「どっしりとした感じ」というように質的統一の存在として感じられるものとして表現される。

第四章　芸術的経験論における表現内容としての「感覚的質」（sense quality）。芸術的経験における表現内容は、「質」である。では、芸術的表現において表現内容の基になる「感覚的質」とは、何か。この第四章では、芸術的経験論における表現内容としての「感覚的質」の特性を明らかにすることを課題にした。この課題を解明するためにデューイの「感覚的質」の考え方と茂木健一郎の「質感」の考え方を比較することをした。デューイの言う自然の性質の中に備わる「感覚的質」、また、茂木健一郎が捉える「質感」は、ロック（John Locke）やサンタヤーナ（George Santayana）の自然の性質の分け方からみると「第二性質」となる。この「第二性質」は、数量化ができない性質であることから、自然科学の対象外に置かれてきた。感覚的質の内容は、デューイによると濡れている、乾いている、熱い、寒い、軽い、重い、赤い、青い、騒音、調音等、五感で直接的にしか感じ取れない、物そのものに備わる質を指す。

第五章　芸術的経験論における芸術の形式と実体（内容）の生成。芸術的経験における表現内容としての質は、いかなる方法で表現として形づくられるのか。この第五章では、芸術的経験論における形式と実体（内容）の生成過程を捉えることで、芸術的経験における形式と実体（内容）の成立要件を明らかにした。形式と実体（内容）の生成は、人間と環境との相互作用による。芸術表現においては、素材を組織しそれが芸術表現の内容となり、またそれが形式となる。つまり、自然に備わる感覚的質は、素材によって意味が表される。その素材は、芸術表現の媒介になる。素材によって感覚的質の意味が凝集され一つの美的表現となったときに、その素材は形式となり、他方そこに備わる質が内容となる。従って、形式はその構成要素を組織化する働きがある。このように、芸術作品においては、内容と形式は一体となっていて、両者は芸術作品を反省的に見るとき区別される。

第六章　芸術的経験論における想像力（imagination）の働き。芸術の創造的表現においては、想像力が大きな役割をすると言われるが、デューイはこの想像力の働きをどのように捉えているのか。第六章では、芸術的経験論における想像力の働きを明らかにすることを課題にした。芸術的経験においては、想像力の働きによって、現在の経験と可能性としての理想とが、また、感覚的質などの外部素材と感情・意味など認知的内容を含んだ内部素材とが一つの経験に統合される。このように芸術的経験において、想像力は、個別的・部分的経験を全体的に統一するだけでなく、理想としての経験として統一・統合する働きをする。

第七章　芸術的経験論における「批評」（criticism）の概念。我が国の学校の音楽や美術の芸術教科においても「批評」の方法によって指導することが求められている。デューイは、芸術的経験論の中で「批評」の概念をどのように捉えているのか。この第七章では、芸術的経験論における「批評」の概念を明らかにすることを課題にした。デューイは、芸術的経験における「批評」は、芸術共通に備わる形式と内容を判断の基準にし、批評者の感受性や知識・経験によって作品を知覚し、その分析と総合を通して作品の特質と要素を把握することでその価値を評価し、読者が経験の中で新たな手がかりと指針を得られるようにすることであると言う。そして、「批評」の機能は、芸術作品に関する知覚能力の育成、すなわち、作品の見方や聞き方を身につけるところにあると言う。

第八章　芸術的経験論における芸術の分類の考え方。デューイは、芸術的経験論の中で芸術の分類について、どのような考え方を取っているのか。この第八章では、芸術的経験論における芸術の分類の考え方を明らかにした。デューイの芸術の分類の考え方は、媒介によるもので、この見地から芸術を大きく身体を媒介とするものと、身体以外に多くを依存するものに区分する。それは、自動的芸術と形成芸術となる。自動的芸術は、舞踊や唄等である。形成芸術は、直接的に身体を用い表現するのではなく、道具を使って素材を処理して造る彫刻や建築などである。そして、デューイはこの芸術の分類の考え方によって、諸芸術の媒介の特徴とそれによって表現する特質について、例えば、建築は安定性と持久性を、彫刻は完了、静止、釣り合いを表現するなどと述べている。しかし、芸術をこのように媒介によって区別するものの、その表現される特質は、共通性があり、連続しているという見解をとっている。

第九章　芸術的経験論における異民族芸術を経験することの意味。我が国においては、教育基本法の教育目標の改正によって、学校教育において我が国の伝統文化を指導することが、これまで以上に求められるようになった。では、われわれが我が国の伝統的な芸術を学び経験することにおいて、我が国とは異なる民族の芸術を学び経験することは、どのような意味があるのか、また、その経験はどのような方法となるのか。この第九章では、芸術的経験論における異民族芸術を経験することの意味について明らかにした。芸術的経験は、日常の経験が首尾よく発展し、充実した「一つの経験」(an experience)として成立したものである。そのため、このような充実した芸術的経験は、日常の様々な事件から意味を引き出し、結合する力を持つ。それ故、芸術的経験は文明生活を表示し、記録し、称えるものであり、文明を促進するものとなる。また、西洋文化、日本文化というようにそれぞれの文化には、集合的個性がある。このような集合的個性のなかで生まれた異民族の芸術をわれわれが経験することの意味は次のようになる。芸術的経験は、作品と自己との相互作用によって経験が秩序あるものに発展できればそれが「一つの経験」となり、その意味において異なる民族の芸術も理解でき鑑賞できる。そして、異民族の芸術がわれわれ自身の経験を広めかつ深めることとなり、その方法は、われわれの経験とは異なる経験の根底にある態度を、われわれが他国人の方法をもって把握することとなる。

第十章　芸術的経験論における「美」の捉え方の特徴。この第十章では、「プラグマティズムにおける美と美学」の問題をデューイの芸術論に限定し、これの「美」の捉え方の特徴を、特に状況の質(quality)と表現内容としての質(quality)に注目して明らかにした。デューイの芸術的経験論における「美」の捉え方の特徴は、第一に、他の芸術論と異なり、芸術作品のみでなく、人間の生活経験に美の発生を認め、日常の経験と芸術作品との連続性を強調するところにある。第二に、知的経験を含めあらゆる経験が「一つの経験」になるには、単一な性質によって整えられ「美的経験」とならなければならないと捉え、芸術的経験だけでなく、他の価値的経験にも美を認めるところにある。このようなデューイの「美」の捉え方の特徴は、次のような彼の「美」の概念、すなわち、人間が環境との有機的相互作用の過程で、環境に差別的に反応し満足の状況をつくるという経験において、その状況に具わる、統一性、全一性、一体化、調和感、リズムといった経験を経験として完成させるときの総括的な意味として「美」を捉えていることからくるものと言える。

終章　デューイ芸術的経験論から導出する芸術教育論――生成の原理による芸術教育哲学――。終章では、第一章から第十章までに論究したデューイ芸術的経験論の要点を纏め、そこから、芸術教育の哲学を導出した。芸術は、われわれが日常の経験の中で経験する感覚的質を外的素材を通して表現するもので、この外的素材とそれまでの経験によって形成された精神とが融合される経験である。そして、その表現が完結するときには、自ずとそこに内容と形式が生成され、また、そこに表現される内容は、「質」となる。このデューイ芸術的経験論から、芸術教育の哲学として、「生成の原理」を導出した。すなわち、日常の経験の中で経験する感覚的質の意味を自然の素材（媒介）を通して、外部世界に芸術として作品を形作り（生成）、その過程で内部世界（衝動性・感情・意志・知性等）が再構成（生成）され、自然の素材と精神の融合・統一としての美的経験を得るという原理である。このようにこの「生成の原理」による芸術教育哲学は、芸術的経験によって外部世界に作品を生成するとともに内部世界を生成するもので、人間形成になる芸術教育哲学となる。

なお、本研究で対象にするデューイの著書の翻訳本は、いずれも quality の日本語訳は「性質」となっている。本研究では、自然の性質の中で「量」に対して「質」を意味する際には、例えば sense quality を「感覚的性質」ではなく「感覚的質」というように「性質」ではなく「質」の訳語を用いた。

第一章　自然と精神の統一としての芸術的経験

一　研究の目的と方法

(一)　研究の目的

デューイ哲学の特徴は、「一元論」にある。ダーウィンの進化論の影響を受けたデューイ哲学の立場は、自然（物質）と人間（精神）とを截然と区別せず、人間も不安定な自然の一部であり、人間は自然と対立せず、自然（物質）と人間（精神）とは連続しているという「一元論」の哲学となる。

人間は、自然と区別され対立し孤立しているのではない。人間は、人間を取り巻く環境の中で行動し、常に環境に働きかけ、また働きかけられている存在である。そして、心（精神）は、不安定な自然の中で生活体の生命が生きながらえるために生み出した道具で、自然との相互作用の結果生まれたものとみる。

このようにデューイは、人間を自然の中の一部であるとみなした。そして、この自然と人間、言い換えると環境と精神とが相互作用し、「一つの経験」（an experience）に発展したものの一つが「芸術的経験」であると言う。デューイは、次の引用文にあるように、自然（物質）と人間（精神）との相互作用によって、それらがあまねく融合した一つの理想的な経験の姿は「芸術的経験」にあるとし、諸経験の中で「芸術的経験」を特別視していると思われる。「経験における自然の諸力と、その働きの最も高尚な、最も完全な結合（most complete incorporation）は、芸術にみられる。芸術は、あまり調節されない方法で自然の低い段階で起こるところの事件の連鎖を調節して、完成した充実に向かって自然的素材の形を変える生産の過程である。芸術は、自然的過程の終局が、最高の終点が、支配的になり、それがはっきりと享楽される程度に従って、（いわゆる）『芸術』（fine）となる。[1]」（ ）内は、筆者。

そこで、第一章では、自然と人間（環境と精神）との相互作用による経験の発展過程を見ることで、自然と人間（環境と精神）との融合・統一としての芸術的経験の姿を明らかにし、デューイ芸術論の特徴を捉え、芸術教育、就中音楽教育への示唆を得ることを目的とする。

(二) 研究の方法

研究方法は、デューイの『経験と自然[2]』（*Experience and Nature*. 1929）と『経験としての芸術[3]』（*Art as Experience*. 1934）を基に、自然と人間（環境と精神）の相互作用の発展過程を次の三つの次元で捉える。第一は、人間と自然とが調和し主客が区別されない日常的な一次的経験の特性を明らかにする。第二は、その一次的経験に問題・疑いをいだき、反省的思考によってそれを解決し、環境との調和を取り戻そうとする第二次的経験の特性を明らかにする。第三に、二次的経験の中でも特に芸術的経験の特性を明らかにすることによって、芸術的経験は自然と精神があまねく融合・統一された美的経験であることを解明する。[4]

デューイ芸術論における自然と精神との融合・統一に関する先行研究には、立山善康氏の「デューイ芸術論における『自然』の概念」[5]がある。この論文の要点は、次のようになる。デューイの哲学的立場は、「経験論的自然主義」、または、「自然主義的経験論」であり、この二つの哲学的主張の違いは、「経験の中に自然がある」のか、「自然の中に経験がある」のかの違いとなるが、いずれも「自然と精神との連続性」を主張する「一元論」となる。そして、デューイは、自然の発展層を無機物―生命―精神と連続的に自然発生したものと捉えている。ここで、氏は「無機物および生命」と「精神」との間の連続性をどう説明できるのか、と問いを立て、これは、デューイの『経験としての芸術』で大きな役割を演じる「経験のリズム」という概念で説明できるのではと述べている。

本章では、自然と人間（環境と精神）との融合・統一としての芸術的経験の姿を捉えるために、上記に示したように自然の中の経験を一次的経験と二次的経験との連続、そして、二次的経験の中の芸術的経験の特性を探ることで明らかにする。

二　一次的経験と二次的経験

(一)　人間は自然の一部

デューイの哲学的主張は、自然と精神（人間）との連続性を主張するもので、彼はこのことを有機体と自然との相互作用による「経験」（experience）の概念によって論じ、そして、人間も自然の一部であると捉える。次の引用は、このような哲学の立場を表す内容である。

「これら平凡事（地質学者が化石を発見し、それは植物からできたもので、それを他の化石と比較することで、化石となった年代を特定すること等）は、経験が自然の中で、自然について行われていることを示す。それは経験が経験されるのではなく、自然が―石や木や動物や病気や健康や、温度や電気などが経験されるのである。事物がある方法で相互作用する、それは経験である。経験されるところのものである。或る他の方法で、他の自然物―たとえば人間有機体―と連結されて、それはいかに事物が経験されるかでもある。経験はこのように自然の中に入りこむ。それは深さをもっている。それは広さをもっていて、無限に弾力性のある範囲に拡大する。その拡大は推理を意味するのである。」[6]（　）内は筆者補足。

デューイは、自然の相互作用の発展層を①物理的層（physical plateau）（無生物）―②心的―物理的層（psycho-physical plateau）（生物）―③精神的層（mental plateau）（人間）に分け、それぞれについて機能的側面から捉え、相互関連と連続性を明らかにしている。[7]自然としての無生物も生物も人間も自然において相互作用としての経験をする。しかし、人間は無生物としての石、生物としての植物などとは区別される「もう一つの自然物」で、「反省的思考」を介して自然との相互作用を行う。その結果、自然の中で精神をもつ人間は区別される。

人間の一次的経験は、この反省的思考を伴う以前のもので、それは、「行為と材料と、主体と客体との区別なく、双方の要素を未分析のまま総体の中に認める[8]」ものである。次は、人間の経験における一次経験と二次的経験の特性と両者の違いを捉えてみる。

(二)　一次的経験の特性

一次的経験（primary experience）は、日常の経験で主体と客体の区別がなく、総体として分析されない世界で、調和を保っている。この調和を保っている経験に不安や問題を感じ、疑いを抱く。すると人間は反省的思考を働かせ、不安・疑問を解決するために不安・疑問の対象に目がいく。このとき主体と客体が区別される。これが二次的経験(secondary experience)となる。[9]

(三) 二次的経験の特性

人間は、自然との関わりの中で不安・疑問を感じるものを問題として対象化し、それを詳細に捉えようとするとともに、その問題を自己の全ての経験の中で説明しようとし、一方では、問題解決に向け思考を働かせ探索することをする。

この不安・疑問という人間の不安定な状況における二つの方向、すなわち、対象そのものを詳細に捉えようとすることと、自己の思考を働かせ探索に向かうこと、このような状況における経験は、主体と客体が対立しており、二次的経験となる。[10]

相互作用としての経験が一定の条件を伴い二次的経験としての姿を整えたものの一つが、知的思索的経験や芸術的経験である。

三　二次的経験としての芸術的経験

(一)　芸術と日常経験との連続性

芸術は、日常の経験に基盤があり連続している。デューイの『経験としての芸術』論の目的は、芸術はわれわれの日常の経験と遊離しているのではなく、芸術と日常の経験は連続していることを主張することであった。このようにデューイは、芸術は本来日常の経験が発展したものであると主張するのだが、芸術を日常の経験から切り離す出来事として、次のような事例が挙げられるとしている(11)。

○国家主義と帝国主義の興隆＝美術館は国の過去の芸術の偉大さを展示する役割を果たすとともに、他方では、国王が他国を征服した戦利品を展示する役割を果たした。

○資本主義の興隆＝資本家が教養ある人達の中でよい地位にあることを示すための証拠として芸術品を蒐集した。

○近代の商工業の国際的広がり＝芸術作品が商品として国際市場で売買されることで、芸術作品とその土地の気風との結びつきを弱め、ときには破壊した。

○芸術哲学＝芸術を人間だけしか住んでいない場所におき、美（the esthetic）の観照的な性質だけを強調する哲学をもった。

(二)　「正常な経験」（normal experience）としての経験の特性

デューイは、芸術はわれわれの日常経験から発展したものでるとし、その発展過程を次のように主張する。芸術が日常の経験から発展したものであるということを理解するには、「正常な経験」の意味を知らなければならない。[12]そして、その「正常な経験」は、次のような特性をもつとデューイはみる。

1　生物と環境との不調和、合一の喪失

二次的経験の出発は、人間が環境との間に不安・疑問を感じ、環境との不調和を意識することからである。そして、人間は、不安・疑問を解決するために環境に働きかけることをする。

2　経験は、環境との相互作用

「生命（life）は環境（environment）の中で進行する。[13]」「環境との相互作用（interaction）を通して進行する。[14]」すなわち、経験は、生命が環境に働きかけ環境の働きかけを受けるという相互作用による。

3　欲求（要求）、努力、満足の過程

その相互作用は、欲求（要求）、努力、満足の過程となる。「生き物は自分の欲求（need）をみたすために外界にある何ものかに頼らねばならない。[15]」「欲求は、環境のなかへ手を差しのべこの欠乏を補い、（中略）平衡をえることによって、適応を回復することである。[16]」

4　経験にはリズムが伴う

経験には、生物と環境との合一の喪失、そして、再度合一を回復するというリズムが伴う。生物は、環境との合一を喪失すると、そのとき感情が喚起される。「感情（emotion）は、現在あるいは目前に迫りくる破綻が意識されていることを示すサインである。[17]」「この破綻ないし不調和は反省（reflection）を引き起こすきっかけとなる。そして合一

(union)を回復したいという願望は、たんなる感情にすぎないものを、調和(harmony)を実現するのに必要な事物への関心に転換する。そしてこの調和が実現されるとき、反省の素材(material of reflection)はこの事物のなかへ組み入れられ、この事物の意味となる[18]。

生物は、環境との不調和を反省を引き起こす契機とし、その上で環境の事物に働きかけ努力によって調和を取り戻すことをする。その結果、生物は満足を得、そのとき生命と働きかけた環境との合一がなされる。この生物と環境との相互作用という経験には、生物と環境との合一の喪失、そして、再度合一を回復するというリズムがみられる。

(三)　芸術家と科学者の経験の局面に対する関心の違い

次は、二次的経験としての芸術家と科学者の経験の局面に対する関心の違いを探る。デューイは、経験におけるリズム、すなわち人間が環境との合一(integration)を喪失し、再び環境との合一を回復するということにおいて、芸術家と科学者は、その経験の局面への関心が異なると次のように述べている。「芸術家は、合一が達成された経験の局面に特別な関心を抱く。だから、芸術家は抵抗(resistance)と緊張の瞬間を避けたりはしない。彼はむしろその瞬間を育て洗練するのである[19]。」なぜなら、芸術家は「その瞬間が、統合されて一全体(unified and total)となった経験を生き生きと意識に蘇らせることができるからである[20]。」一方、科学者は「観察したこととそれについて考えたことの間に顕著な緊張がみられる問題(problems)や状況(situations)に興味をもつ[21]。」

つまり、デューイは、経験において、芸術家は外的素材と自己の精神と一体になる局面に、科学者は問題の状況に関心をもつと言っている。従って、美的なものと知的なものの相違は、経験におけるリズムにおいて、どの局面を強調するかの違いとなる。芸術家も科学者も思考する。「科学者は、彼の目的が比較的遠くにあるために、シンボル、単語・数学的記号を使って操作する。芸術家はまさに彼が作業に用いる質的メディア（音や色等の表現媒介）そのもののなかで思考する」[22]のである。（　）内は筆者補足。

四　自我と世界との相互浸透としての芸術的経験

ここでは、精神と物質との相互浸透としての芸術的経験の特性を明らかにする。

(一)　芸術は自然の「感覚的質」を理想化

1　「精神」と「物質」の二元対立

人々は、一般に日常生活と美術作品の制作・鑑賞とのあいだに連続性がないと思いこんでいる[23]。そこには、「精神（spiritual）と物質（material）とを切り離し、相互に対立させる」[24]考え方が背後にある。しかし、デューイは、「芸術は、まさに物質（material）と理想（ideal）の統一（union）がげんに実現されており、したがってまた実現されうることを示す最善の証拠である」[25]とみる。芸術作品は、日常経験に見いだされる「感覚的質」を理想化したものである[26]。では、日常経験としての「感覚的質」とは何か。

2　「感覚的質」とは

「感覚的質」（sensory qualities）とは、次のような経験を指す。「われわれは岩とうすっぺらなティッシュペーパーとの固さを見わけることができる。触れたときの抵抗感と、圧力をうけた筋肉組織全体から固さの感じ［触覚］が、視覚のなかに完璧に具象化されているからである。[27]」

この「感覚的質」をわれわれは、視覚や聴覚や触覚等の感覚的器官によって経験する。「感覚器官は、生き物が自分の周囲で進行する事柄に直接・無媒介的に参加するための器官である。感覚器官によって直接外界に参加するとき、彼はそこに感覚的質を経験する。そして、この感覚的質をとおして、彼はこの世界の多様な驚異と輝きを現実に彼のものにする。[28]」

そのさい、「感覚器官はただ外界を受容するだけの器官ではなく意志および知性と一体となって外界に参加する。[29]」そして、この感覚器官をとおして外界に参加するとき精神（mind）は、この参加を実りゆたかなものにするための手段となる。つまり、精神は、「外界への参加から意味と価値を引き出して保存し、さらには外界との交流においてその意味と価値を役立てる手段[30]」となる。

さらには、この感覚器官をとおして外界に参加し、自然の感覚的質を芸術へと表現する中で、「動物の生活に示される感覚と衝動の合一を、脳（brain）と目と耳との合一を、コミュニケーションや熟慮された表現からえた意識的な意味でみたすことによって、この合一をこれまでにない新しい高み［芸術］へ引き上げることができる。[31]」

以上から、芸術的経験において、われわれは自然の「感覚的質」を感覚器官によって感受（経験）するが、その際には意志・知性等の精神も協働すると言える。従って、その芸術的経験の中では、衝動・感情・感覚器官・筋肉系統を含め、それの上部構造になる脳・意志・知性といった生物の全存在が関連し、合一がなされ、この合一が芸術の高みをつくることになると言える。

3　「感覚的質」を表現へと高めるときのリズムの役割

「感覚的質」の経験を外的素材を用い表現へと高める芸術的経験においては、リズム、すなわち、環境との合一を喪失し、再び合一を取り戻すということが機能しているとデューイは主張している。人間が環境にかかわってなされる苦闘と成就のリズムは多種多様となり、また長期にわたるものとなる。[32]

デューイは、このリズムは、空間と時間の状況の中で展開されると言う。「空間（space）は、人間のいろいろ多くの行為とその結果が、つまり経験が、秩序よく生起するところの囲われた広い舞台となる。[33]」

時間（time）は、表現活動において、そこで「実現が期待される衝動の盛と衰・前進と後退・抵抗と休止のリズミカルな変化がおこり、やがて完結する」ときの媒介（medium）となる。つまり、「時間はそうしたリズミカルな変化で組織され、またそうした変化を組織化する媒介なのである。[34]」

そして、「芸術における形式（form）は、空間と時間によって組織されたものに含まれる意味を―つまり、それを見る人の生活経験のなかにすでにあらかじめ準備され、現在まで連続している意味を―表現する技術となる。[35]」

以上から、生命が環境との合一を喪失し、再び合一を取り戻すという経験におけるリズムの機能において、空間は、行為とその結果が生起する舞台であり、時間は、行為における意図と結果にみる盛衰の過程と言える。そして、芸術における形式は、これらの空間と時間によって組織された意味を見る人の観点から表現する技術と言える。

(二)　芸術的経験は内部の欲求と外部の素材との協力

小鳥が巣を作るとき、生物内部の欲求は外部の素材と協力することによって、欲求は充足され、外部素材は満足いく最高の状態に変形される。人間の芸術的経験もこれと同様に生命としての内的欲求を外的素材を通して理想の状態に創り、欲求を満足させるものである。このようなことから、デューイは、芸術の存在は、①人間が自分の生活を拡充するために自然の素材と自然のエネルギーを利用することの証拠であり、また、②人間が自分の身体構造（頭脳・感覚器官・筋肉組織）をうまく使ってそうすることの証拠であり、さらに、③人間が生き物の特徴である感覚（sense）・欲求（need）・衝動（impulse）・行動（action）の合一（union）を、意識的に取り戻すことを、意識的にしかも意味レベルにおいて取りもどすことができる具体的証拠であると言う[36]。そして、「意識（consciousness）の介入は調整・選択力・やり直しをさらにプラスする」[37]と言う。この意識の介入の中で、外的素材が抵抗となり、これを契機に表現が調整・選択・やり直しされ、当初の衝動・欲求が表現へと再構成されていくのである。

以上の生命としての欲求を基に外的素材によって表現を形創るという芸術は、生命の発展過程そのもののなかにあらかじめ準備されているものとデューイはみている。

(三)　芸術は物質と精神の統一の実現

芸術作品は、外部世界から受け取った「感覚的質」の意味を素材を通して芸術家の精神（mind）と融合させ、創り出されるものである。芸術家の作品は、芸術家が外部世界から受け取るものと、芸術家からは働きかけることとの完全な相互浸透の中で達成される。この時の芸術家の精神は、それまでの外部世界との相互作用において蓄積されたもので、また、相互作用の結果、意味を構成しているもので、そういう意味の体系としての精神である。

芸術家は、この意味の体系としての精神と外部世界の素材によって「霊妙なもの（ethereal things）」[38]を創る。その芸術品は、精神と物質（外部世界の素材）とが融合・統一されたものとなる。「最高レベルに達した経験は、自我が世界（self and the world）と―まわりの事物や出来事―と完全に相互浸透（complete interpenetration）することを意味する。[39]」「一つの経験」としての芸術的経験は、このような自我と世界、すなわち、精神と自然とが融合・統一された経験と言えるものである。[40]

五　結論と考察

(一)　結　論

デューイ哲学の立場は、自然（物質）と精神（人間）とは連続しているという「一元論」である。無生物、生物、人間は、自然において相互作用としての経験をする。人間は、調和としての経験において、不安・問題をもつと反省的思考を介して自然との相互作用を行い、不安・問題の解決をする。その結果、自然の中で精神をもつ人間は、区別される。この中で、自然との調和を保っている経験を一次的経験と言い、反省的思考を伴った経験を二次的経験と言い、この反省的思考を伴った経験の一つが芸術的経験である。

芸術的経験は、われわれの日常の経験が発展したもので、この日常の経験の中で経験する自然の感覚的質を外的素材を通して構成し表現する活動である。そのとき経験に伴うリズム（環境との合一を喪失し、再度合一を取り戻すこと）が大きな役割をする。自然の感覚的質の意味を外的素材を通して芸術へと表現する中で衝動・感情・感覚器官・筋肉系統を含め、これらの上部構造となる脳・意志・知性といった、生物としての全存在が関連し、合一がなされ、この合一が芸術の高みをつくる。

従って、芸術的経験は、日常の経験の中で経験する感覚的質を外的素材を通して表現することで、この外的素材とそれまでの経験によって形成された精神とが融合される経験である。つまり、芸術的経験は、われわれが外部世界から受け取るものとわれわれが働きかけるものとの相互作用の中で表現を創る経験と言え、この経験の過程で自然と精神が融合・統一されるものになると言える。

㈡　考　察

デューイの自然と精神の融合・統一としての「一元論」の哲学は、芸術的経験に典型的にみられる。このデューイの「一元論」哲学から芸術教育の原理として、「生成の原理」[41]（the principle of generation）が導出される。すなわち、これは日常の経験の中で経験する感覚的質の意味を自然の素材（媒介）を通して、外部世界に芸術として作品を形作り（生成）、その過程で内部世界（衝動性・感情・意志・知性等）が再構成（生成）され、自然の素材と精神の融合・統一としての美的経験を得るという原理である。

芸術的経験によって外部世界に作品を生成し、その過程で内部世界を生成することが芸術教育としての「生成の原理」で、その本質は芸術的経験による学習者の内部世界と外部世界の二重の変化にある。これを音楽教育に適用すると、学習者が音楽の素材との相互作用の中で外部世界に作品を生成し、それと相関して内部世界が生成されるという構造になる。日常の経験の中で経験する感覚的質の意味を音楽的素材を通して外部世界に作品を生成し、それと相関して内部世界が生成される。これが「人間的成長[42]」となる。従って、この「生成の原理」によって経験の二重の変化を期待し、それがもたらされるところに学校で芸術教育、就中音楽教育を行うことの意義がある。

そして、この「生成の原理」による音楽教育の方法は、次のようになる。表現活動は、学習者と外部世界の音や音楽との相互作用の中で、音色・リズム・旋律等の音楽の要素を構成することで外部世界に音楽を生成し、その過程で内部世界の感情・イメージ・意志・知性等の経験を生成するという方法となる。鑑賞活動は、学習者と外部世界の音楽との相互作用の中で、作品としての音楽の音色・リズム・旋律等の音楽の要素とそれらの要素の働きから生まれる音楽の曲想や特質を知覚・感受したことを基に、その音楽の特徴と良さを他の人に伝わるような批評文を外部世界に作り（生成）、この過程で内部世界の感情・イメージ・意志・知性等の経験を生成するという方法となる。

注

（1）J.Dewey, *Experience and Nature*, Dover Publications. 1958（1929）, p.XV. 帆足理一郎訳、一九五九年、『経験と自然』春秋社、六頁。（訳は一部修正）

（2）*ibid.* 帆足訳。

（3）J.Dewey, *Art as Experience*, Capricorn Books, 1958（1934）. 栗田修訳『経験としての芸術』晃洋書房、二〇一〇年。

（4）デューイは『経験と自然』の中で、経験において感覚的接触を保ち粗雑な経験を「一次的経験」とし、反省的考察を伴った経験を「二次的経験」とし、両者を機能上区分している。（*ibid.*, p.3. 帆足訳、九頁。）また、早川操は、後者の「二次的経験」は、反省的経験としての科学、哲学、芸術、宗教などが含まれると述べている。（『デューイの探究哲学―相互成長をめざす人間形成論再考』名古屋大学出版会、一九九四年、二七頁。）

（5）『日本デューイ学会紀要』第四八号、二〇〇七年、六五-七四頁。

（6）J.Dewey, *Experience and Nature*, Dover Publications, 1958（1929）, p.4a. 帆足理一郎訳、『経験と自然』春秋社、一九五九

年、六頁。

（7） *ibid.*, pp.248-258. 帆足訳、一九一-一九七頁。

（8） *ibid.*, p.8. 帆足訳、一二頁。

（9） *ibid.*, pp.4-5. 帆足訳、一二頁。

（10） *ibid.*, pp.8-9. 帆足訳、一二頁。

（11） J.Dewey, *Art as Experience*, Capricorn Books, 1958（1934）, pp.8-9. 栗田修訳『経験としての芸術』晃洋書房、二〇一〇年、七-九頁。

（12） *ibid.*, p.13. 栗田訳、一二頁。

（13） *ibid.*, p.13. 栗田訳、一三頁。

（14） *ibid.*, p.13. 栗田訳、一三頁。

（15） *ibid.*, p.13. 栗田訳、一三頁。

（16） *ibid.*, p.13. 栗田訳、一三頁。

（17） *ibid.*, p.15. 栗田訳、一五頁。

（18） *ibid.*, p.15. 栗田訳、一五頁。

（19） *ibid.*, p.15. 栗田訳、一五頁。

（20） *ibid.*, p.15. 栗田訳、一五頁。

（21） *ibid.*, p.15. 栗田訳、一五頁。

（22） *ibid.*, p.15. 栗田訳、一五-一六頁。

（23） *ibid.*, p.27. 栗田訳、三〇頁。

(24) *ibid.*, p.27. 栗田訳、三〇頁。

(25) *ibid.*, p.27. 栗田訳、三〇頁。

(26) *ibid.*, p.11. 栗田訳、一〇頁。

(27) *ibid.*, p.29. 栗田訳、三二頁。

(28) *ibid.*, p.22. 栗田訳、二三頁。

(29) *ibid.*, p.22. 栗田訳、二三頁。

(30) *ibid.*, p.22. 栗田訳、二四頁。

(31) *ibid.*, p.23. 栗田訳、二四頁。

(32) *ibid.*, p.23. 栗田訳、二五頁。

(33) *ibid.*, p.23. 栗田訳、二五頁。

(34) *ibid.*, p.23. 栗田訳、二五頁。 medium は、訳語は「媒体」となっているが、ここでは「媒介」としている。

(35) *ibid.*, p.24. 栗田訳、二六頁。

(36) *ibid.*, p.25. 栗田訳、二七頁。

(37) *ibid.*, p.25. 栗田訳、二七頁。

(38) デューイは、霊妙なものの用語について、次のように言及している。「芸術家は『太陽・月・地球・地上のものは、それらのものよりさらに偉大なもの、すなわち霊妙なもの—造物主じしんがつくったものよりさらに偉大なもの—を作るための素材である』とみなす。」（*ibid.*, p.32. 栗田修訳、三五頁。）

(39) *ibid.*, p.19. 栗田訳、二〇頁。

(40) デューイは『経験と自然』の中で芸術的経験の特性と科学との関係を次のように述べている。「芸術とは直接・無媒介的に楽しむことができる諸意味に満ちた活動様式である。それは、自然が完璧な極地に到達することである。そしてほんらい科学は、自然の出来事をこの幸せな結末へと導く侍女である。」（J.Dewey..op.cit., 1929, p.358. 訳は栗田修訳『経験としての芸術』晃洋書房、二〇一〇年、二八頁による。）

（41）「生成」とは、生命は絶えざる生成であると言われるように、そうでなかったものになり始めること、ある状況や状態から別の状態に移行することを言う。そして、「生成」の用語は、物質の変化と精神の変化、すなわち外部世界と内部世界の両側面の変化に適用される。一方、デューイの芸術的経験は、外部世界の物質と内部世界の精神の両側面の変化によって成立するものである。芸術的経験によるこの内部世界と外部世界の変化を表す概念として「生成の原理」という用語を用いた。

（42）デューイの哲学は、哲学としてはプラグマティズムに属する。プラグマティズムは、道具主義あるいは実験主義と呼ばれ、「有用性」や「効果をもつ」ところに真理基準を求める。峰島旭雄は、デューイは、芸術的経験は、「精神の更新」に「効果をもつ」（役立つ）と主張していると述べている。（峰島旭雄「経験としての芸術」　梶芳光運監修『人間の形成』三修社、一九七四年、三八-四二頁。）デューイの言う「精神の更新」は、「人間的成長」と言い換えることができる。

参考文献

（1）亀尾利夫「〈経験〉概念の系譜の中で」（『日本デューイ学会紀要』第二〇号、一九七九年。一〇〇-一〇四頁）

（2）渡辺明照「デューイにおける『芸術としての経験』」（『日本デューイ学会紀要』第二〇号、一九七九年。一〇六-一一一頁）

第二章　芸術的経験と感情

はじめに

芸術は、言語や科学等による理性的認識では捉えられない性質を扱い、それへのイメージや感情を誰もが知覚できるように表現したものである。それゆえ、芸術を教育の立場から問題にするとき、芸術的経験における感情の機能を探ることは重要となる。そこで第二章では、学校の芸術教育を実践的に展開するための基礎理論を得るために、デューイの芸術的経験論の中に感情（emotion）の機能を探り、芸術的経験における感情の役割を明らかにすることを目的とする。そのための方法として、第一に、デューイの人間観の根拠となる自然の相互作用の中に感性や感情の発生と機能を探る。第二に、知的、芸術的、道徳的等の価値的経験の中に感情の機能を探り、そして第三に、芸術的経験に焦点を当て、その中での感情、感性、イメージ等の機能を探る。

一　感性、感情の発生

デューイ哲学の立場は、人間も変転きわまりない自然・宇宙の一部であり、人間は自然とも対立せず自然（物質）と人間（精神）とは連続しているという「一元論」の考え方である。そこでデューイは、このような哲学観の根拠を述べるために、自然の相互作用の発展相を①物理的層（physical plateau）（無生物）―②心的―物理的層（psycho-physical plateau）（生物）―③精神的層（mental plateau）（人間）の三つに分け、それらの相互関連を明らかにしている。デューイ哲学によると、自然の相互作用の三つの発展相には、機能的側面からみてそのレベル間に連続があると考えられているが、しかし、それらのレベル間に差異がないということではない。デューイは、この三つの発展相の中の一般的生物段階に感受性、感性、感情の発生を認めている。この機能は、生物と無生物とを区別する要点であり、そしてそれは、人間生命の土台になり心の先行条件になるものである。

デューイは、生物と無生物との区別、差異を次の二つの概念で説明する。①必要―要求（努力）―満足（need-demand（effort）-satisfaction）。②有機的組織化（organization）。①の必要―要求（努力）―満足とは、生物と無生物との最も明らかな差異を示す概念である。つまり、生物には自らの生活体を自然界の中で保持するために「必要と、必要を満足させる活動的な要求である努力と、その満足」(1)の活動があるが無生物にはそれがない。ところが、この概念のみでは生物の活動と無生物の変化との区別はできない。無生物にも内的均衡の破れる状態があり、その後周囲の事物に関連して変化することもある。そして、その一連の変化の後は休止状態がくる。デューイによると、この休止状態は「飽和」(saturation)という概念で示され、生物の休止状態である「満足」(satisfaction)とは区別されると言う[2]。

では、この「満足」と「飽和」との区別はどこでなされるのか。つまり、無生物、生物の両方とも自然との相互作用を行い活動体に何らかの変化が生ずるが、その活動の違いはどこで判断できるのか。ここに②の有機的組織化の概念が登場する。「鉄は鉄としての特色ある偏執や選択的反応を示す。けれども単純な鉄として残存するために何も偏執を示さない[3]。」無生物の変化―飽和は、無機体の活動型を維持する傾向に働くのではなく、無差別的に無関心の状態で環境との作用が行われる。従って、無生物においては、有機的組織化はみられないということになる。これに対し、生物は、無生物と異なり自らの生活体を保持するような働きをする。例えば植物の根は、土壌との相互作用で栄養分を吸収し、それがその後の種子を実らせる活動につながるように過去の結果は保持され利用される。従って、生物の必要―要求―満足の活動は、無生物の活動と異なり有機的組織化の機能を具え、それが生物の完成を進めていくものとなる[4]。以上の論究から、無生物と生物との共通点と相異点が明らかになった。デューイはこの差異を表す言葉として、生物全般に「心的―物理的」という用語を当てている。

ところでデューイは、生物が自己の組織体を保持し、特色ある生活体を増進する働き(有機的組織化)を持つとき、「いつもそこに感受性(sensitivity)の基盤がある」と次のように言う。「植物の根先は、組織化された生活活動に役立ち、かつ根先自身に必要な栄養素の分前を生活機構の他の部分から徴発するような方法で、土壌との化学的特性と相互作用する。この全体が部分に、部分が全体にあまねく働いているということが感受性(susceptibility)(中略)を構成する。[5]」感受性とは、感じ取る能力(capacity of feeling)で、この感受性の環境に対する反応は、単なる漠然とした反応ではなく「他の結果よりもある結果のためにする差別的な働きである」。感受性は、その生物固有の生活体の完成のために、環境に差別的に働きかける能力で、デューイは「この差別（discrimination）こそ、感性（sensitivity）の本質である」と言う[6]。

感受性、感性の発生は、生物段階に見られた。この感受性、感性は、高等な動物ともなると移動力や感覚器官を具えるようになるため、いっそう高度化し複雑化し発達する。つまり、高等動物になると、感覚器官や運動器官の発達にともない、感性は環境の種々異なったエネルギーに対して、差別的に反応するようになる[7]。そして、その反応の結果は動物には有害物、有用物等の感情（feeling）として記録され次の活動の予報をするものとなる。しかし、この次元においては、動物はそれらの感情（feeling）を持つけれどもそれを持っていることを知らない。「行動は心的—物理的だが精神的ではない[8]。」ところがこの感情は人間に受け継がれると、その感情の意味に気付き、言葉や知性をもたらす基盤になる。人間は、動物と異なり感情を持つだけでなく、この感情を持つことに気付き客観的差異を現すようになる。こういう状態をデューイは「精神（mind）」というと言っている[9]。

以上のようにデューイは、生物に具わる感受性によって生活体の本来の姿を維持し増進するために環境に差別的（discrimination）に働きかける能力を感性の本質と言う。感受性、感性の環境への差別的反応の能力は、生物が自らの有機体を構成する基になっている。そして、動物において感受性が発達していれば環境の質（quality）に反応し、この質を自己の有機体の型を維持するために利用する[10]。ここでいう「質」とは、赤とか匂いとか音等を指す。そして、この質への差別的反応は生活体には安楽または不愉快、疲労または陽気等の感情として記録され、環境に対する有用物、有害物を示し、次の活動の予報を示すものとなる[11]。このデューイの感受性、感性の本質論からみると、人間に具わる感性も環境の質に差別的に反応する能力を持つと言える。人間は、自然の性質へのイメージや感情を意味あるものとして表現する。それが芸術である。芸術は、科学が対象外にした自然の性質を感性によって捉え、その価値を表現する活動なのである。[12]

二　価値的経験と感情

この節では、直接的で無意識の経験を反省した価値的経験の中に「感情」の機能を探る。経験とは、生命と環境との相互作用である。だから、経験は絶えず行われている。人間の自我にはこうした相互作用の過程で外界との間に抵抗しながら情緒と観念で彩り、そしてそこに意識的な意図が生まれる。[13] しかし、経験をしても、その経験はしばしば未完成に終わり、それが「一つの経験」として完成しないことが多い。それはいつ始まったのか分からないような経験や習慣に拘束され機械的にしか結びつかない経験等である。これらの経験は、「一つの経験」を構成するに至らない経験であり、われわれの生活の大部分をしめている。デューイは、このような経験を「美的でない経験」(non-esthetic experience) と言う。[14]

では、一つの経験を構成する「美的経験」とは、どういう経験を指すのか。デューイによるとそれは、われわれの生活の中で思わず「いい経験だった」と思い出すことのできる経験のことであると言う。[15] 例えば、山で猛吹雪にまきこまれ生死を伴ったような経験や自然の美しさに触れ心が動かされた経験である。これらの経験は、それ以前のこととそれ以後のことが截然と分離され際だっている。この統一された経験は、だらだらした日常の経験の中で山の峰のようにきわだち、区別される。デューイは、この統一された経験を「正常な経験」(normal experience)[16] あるいは「美的経験」（esthetic experience）[17]とよび、それらの経験に当たるものが「知的思索的経験」「宗教的経験」「芸術的経験」「道徳的経験」等の価値的経験となる。

(一)　価値的経験の特質

そこで、「正常な経験」（価値的経験）に共通にある特質を探る。

1　連続性を持つ　「正常な経験」は、発端から展開、高調、結末へ連続性（continuity）を持ち、一つの統一へとまとめられたものである。「継起する各々の部分は次に起こるものの中に淀みなく流れ込む、そこには切れ目もなく、無内容な空虚な個所もない。同時にまた、各部分は自己同一性を失いはしない。池と違って川は流れる。[18]」経験の連続性とは、川のような流れが経験に具わっていることである。

2　認識的である　経験には、認識（perception）がなければならない。なぜなら、経験は外界に働きかける作用と外界の働きを受ける作用、つまり、能動と受動とが関連して行われるところに成立するからである。つまり、「経験するには、行為とその結果を認識の中で結びつけなければならない。[19]」

3　想像的である　「美的経験は想像的（imaginative）である。[20]」美的経験とはきわ立った美的経験といえる「芸術的経験」だけを指すのではなく、あらゆる「正常な経験」を意味している。経験は、過去の経験からくみとった意味がその中に加味されるときのみ意識的となり認識的となる。デューイは、「この過去の経験から得た意味が、現在の相互作用に到達するその唯一の道が想像である」あるいはむしろ「新しいものと旧いものとの意識的調整が即ち想像である[21]」と言う。

4 感情的性質がある

「完全な経験は統一性がある。」[22] この「統一性がある」とは、この経験は単一な性質によって統一されているということである。このことは、例えば「知的思索的経験」は、知的性質で全体が統一されていると共に「感情的でもある」ということである。これはどういうことか。それは、あらゆる経験がこの「感情的性質」(emotional quality) がないとまとまった一つの経験とはならない。例えば、知的探求をなすにもこの「感情的性質」が有意義な動機となるということだけでなく、この性質をもって仕上げない限り、その活動は内的統合と完成を有するものにならないということである。

では、この「感情的性質」は、経験の中でどのような働きをするのか。経験は、いかなる経験であろうとある個所から出発して、やがて停止する場所と状態に向かって進む。即ち、経験は終局へ向かって進む。デューイは、このような発展的経験の中で組織されるべき素材を多くの素材の中から「細心に取捨選択する」のが「感情的性質」の働きであると言う。[23] そしてこの「感情的性質」によってはじめて経験は目標までの筋道をたどり、問題は申し分けなく結論され「一つの経験」となり「美的」となる。デューイは、どのような性質の経験であろうとも「感情的性質」によって、その経験の有機的組織化に適した素材を取捨選択し、統一性を具えた「正常な経験」を「美的経験」とおよび、「感情的性質」が欠け統一性を持たない経験を「不完全な経験」あるいは「美的でない経験」とよび前者と区別している。

(二) 知的経験と芸術的経験の違い

デューイは、知的経験を含めどんな経験であろうとそれ自身「美的性質」(esthetic quality) を持たなければ経験は統一されず結論されないと言う。では、一般に「美的経験」と認められている「芸術的経験」とそれらの経験とはどこが違うのか。デューイは、次の二つの点にその違いがあると言う。一つは、経験を構成する素材に違いがあると言う。「芸術の素材は質（qualities）からなっているが、知的な結論をもった経験の素材は符号や記号である。[24]」そして後一つは、経験の結論に意味があるか、それとも経験を組織する部分の完成に意味があるかに違いがあると言う。「知的経験においては、結論はそれだけで価値がある」。だが、芸術の場合は、結論に意味があるのではなく、部分の結合によって一つの統一体を完成させるところに意味がある。例えば、科学においては「結論は一個の公式、または『真理』としてそこから取り出すことができ、そして、その他の研究の要素や手引きとして、そのまま単独に用いることができる。[25]」だが、芸術の場合は、小説、劇の主人公の結末に意味がないように、終極はそれだけで意味があるのではなく、もろもろの部分の完成として意味があるのである。

以上、デューイは、経験の中で感情的性質は、その経験に適した素材を取捨選択する働きをし、そして、あらゆる経験に感情的性質が具わらなければ、一つの経験として統一されず完結しないと言っている。

三　芸術的経験と感情

知的経験と芸術的経験の違いは、経験を組織する素材の違いで区別された。そしてそれらの経験を統一ある正常な経験にするには「感情的性質」が重要な役割をしていることが理解された。ここでは、われわれが環境に接し心が動かされ、その感情を文芸や絵画、音楽等の芸術として表現する「芸術的経験」の中に感情の機能を探る。デューイは、芸術的経験について、その発端から表現に至るまでの過程を衝動性、表現、媒介物、イメージ、感情等の概念によってその特徴を描いている。

(一) 表現の過程

1　衝動性　デューイは言う。経験はすべて衝動性（impulsion）から始まると[26]。この衝動性とは、生活体の活動力となる欲求である。この欲求は、生活体が環境へ働きかけ外的事物を取り入れることによって充足される。

2　表現　デューイは、この衝動性を表現活動に変えるには、次の二つの変化がなければならないと言う[27]。a．衝動性は媒介物に働きかけ、衝動性そのものも形式を得、落ちつきを取り戻す。b．他方では過去の経験は、日々の雑用のため色あせ、あるいは使用しないために鈍ってしまっていたが、新しい出来事に参加して新しい意味をおびる。この表現活動における「二つの変化」とは、衝動性は媒介物によって外的世界に具体物をつくり形式を得、そして、過去の経験は現在の経験に利用され新しい意味が加えられ蘇ることである。さらにデューイは、衝動性を表現活動に変えるには、並存的反応と協力的反応の二種の反応が行わなければならないと言う[28]。並存的反応は、画家やヴァイオリン奏者が表現意図を的格にするために長い時間をかけ技術を習得するように、前もって形成された運動神経的傾向を言う。この並存的反応を持つことによって、表現者は素材や表現内容の意味を敏感に感じ取ることが出来、表現を完成へ向け進展できる。後者の協力的反応は、表現活動において、眼前の作品の中に現れる性質と融合するような形で、過去の経験から引き出された意味と価値である。つまり、表現活動において現在の表現内容に融合する形で過去の経験から意味や価値が引き出されることである。

3　媒介物　衝動性という活動力を表現に変えるには、「媒介物」(medium)がなければならない。衝動性を泣いたり笑ったりして直接発散するのでは表現とならない。例えば、遠来の客を迎えるときの微笑や差し出した手、輝いた目つきは、歓待の気持ちを表現するための媒介となる。ここでの微笑、差し出した手、輝いた目つきは、歓待の気持ちを表す素材であり、これが結果的に表現としての媒介物となる。「素材が媒介として用いられるところにのみ、表現と芸術がある。[29]」

4　イメージの役割　イメージは「心像」と訳されるように、以前に知覚され感覚的質を伴う対象についての心的表象を言う。そして、イメージは認識においては、「知覚対象と概念との中間段階[30]」にあり、それは、視覚イメージ、聴覚イメージ等と感覚の種類と同じだけある。では、デューイは表現活動の中でイメージの役割をどう捉えているのか。デューイは「心像(image)とは、発展していく客観物についての心像」であり、「音楽家、画家、建築家は、感情的観念を聴覚的心像、視覚的心像で仕上げる[31]」と言う。ここで言うイメージは、素材等の客観物についての心的表象となる。芸術活動は、その素材へのイメージによって表現活動を推し進める。衝動性は、媒介となる素材に接することを契機に自己の内には過去の経験で得たその素材へのイメージが湧き立つ。表現活動は、このような様々な素材についてのイメージによって推し進められ、また、その発展過程でここの素材についてのイメージも変化していく。表現活動は、様々な素材についてのイメージによって推進されると言える。

(二)　表現活動と感情

第二節で感情は、ある経験の情調に色合いの合う素材を外界から選択する役割をし、この性質が充分に働かなければ経験が完結しないということを論じた。ここでは、表現活動と感情との関係について捉える。

1　感情とは　デューイは、感情（emotion）の源は、生活体の衝動性としての欲求にあると言う[32]。従って、以上の表現過程で捉えた衝動性は「感情」に置き換えられ、それは、衝動性と同様、外的事物と相互作用することで平静さを得るものである。ところでデューイは、表現活動と感情との関係について一般に誤解されていることは次の点にあると言う。「感情はそれだけで心中において完成して」いる。「美といえるような感情が初めからある、少なくとも才能のある人達の間にはある、そして芸術の創作と鑑賞はこうした感情の表現である、と考えられている[33]。」こうした見方に対してデューイは非難する。心とは、生活体と外界との相互作用の結果的産物であり、心の先行条件となる感情も外界又は心以外の身体、これら客観的事物と作用し、出てくるものである。従って、感情は、外界の事物との相互作用を断ち切ってはありえず、常に事物についての感情となる。「感情は、事実の上でも観念の上でも、ある客観物に対する感情であり、客観物から生じた感情であり、客観物についての感情である[34]。」

2　表現活動における感情の役割　表現活動における感情の役割は、その表現に適した素材を選択することにあると、デューイは次のように言う。「空間的に個々散々している多くの事物から或る内容を抽き出し、こうして抽象したものを凝集して一個の対象物に築き上げる、即ち先きにはこれらの事物にそれぞれ所属していた価値を集約して一対象物に作り上げる[35]。」「感情は磁石のように、自己に適した素材を自分のほうへひきつける働きをする[36]。」

3　表現内容　感情は散らばっている多くの素材の中から内容を抽き出し、この抽象したものを「一つの経験」へ向け発展的に凝集する働きをする。しかし、芸術活動において感情は、表現の内容ではない。表現の内容は「質」（quality）である。素材に具わる質は感性によってその価値が捉えられ、その質が芸術の表現内容となる。デューイは、芸術はわれわれが住むこの宇宙に所属する質を取り出してこれを強調すると言う[37]。ここで言う質とは、濡れている、乾いている、熱い、寒い、軽い、重い、上へ、下へ、赤い、臭い、調音、雑音を指す[38]。音楽は、音の明るさと暗さ、冷たさと暖かさ、拡がりと収縮、上行と下行、速いと遅いといった性質によって、「高揚と低下、前進と後退、加速度と減速度、緊張と弛緩、急激な突進とおもむろな浸透などの本質[39]」を作り、物理的な時間と異なる質的時間を表現する。その際、感情は、リズムパターンや調性、強弱、速度等の変化の伴った様々な旋律形等の素材に具わる質を凝集し、一つの芸術表現を作り上げる働きをするのである。

まとめ

感受性、感性は、生物が自然と相互作用する過程で発生したもので、それらは、自然との相互作用過程で生物としての特色ある生活体を保持し増進するために外的事物を弁別し差別する働きを持っている。そして、高等動物になると諸器官の発達と共に、感受性、感性は、高度化し、環境への差別的反応は感情として記録され次の活動の予報を示すものとなる。人間の感情は、この生物段階の感情を受け継いだもので、それは人間的特質である言語や知性をもたらす基盤となる。そして、価値的経験において感情は、発展する経験の過程で個々散々している多くの素材の中から、その経験として組織されるべきものを細心に取捨選択する働きを持っている。芸術的経験においても感情は、散らばっている多くの素材からその素材に所属している価値を抽き出し、その抽象した価値をある「一つの経験」へ向かって発展的に凝集する働きを持っている。しかし、芸術活動における感情は、表現の内容ではない。表現の内容は「質」

である。

注

（1）J.Dewey, *Experience and Nature*, Dover Publications, 1958（1929）, pp.252-253. 帆足理一郎訳『経験と自然』春秋社、一九五九年、一九四頁。
（2）*ibid.*, p.253. 帆足訳、一九五頁。
（3）*ibid.*, p.254. 帆足訳、一九五頁。
（4）*ibid.*, p.254. 帆足訳、一九五頁。
（5）*ibid.*, p.256. 帆足訳、一九五頁。
（6）*ibid.*, p.256. 帆足訳、一九七頁。
（7）*ibid.*, p.257. 帆足訳、一九七頁。
（8）*ibid.*, p.258. 帆足訳、一九八頁。
（9）*ibid.*, p.255. 帆足訳、一九八頁。
（10）*ibid.*, pp.268-269. 帆足訳、二〇五頁。
（11）*ibid.*, p.257. 帆足訳、一九七頁。
（12）デューイは自然科学は、濡れている、乾いている、暑い、寒い、上へ、下へ、という「第一次性質」すなわち意味ある性質を無視した。近代科学は、自然を性質としてではなく、関係として取り扱ったときに始まったと述べている。*ibid.*, pp.263-267. 帆足訳、二〇二-二〇五頁。

（13）J.Dewey, *Art as Experience*. New York ; Minton. Balch Company. 1958（1934）. 鈴木康司訳『芸術論―経験としての芸術―』春秋社、一九六九年、三八頁。
（14）*ibid.*, p.40. 鈴木訳、四四頁。
（15）*ibid.*, p.36. 鈴木訳、三九頁。
（16）*ibid.*, p.13. 鈴木訳、一三頁。
（17）*ibid.*, p.38. 鈴木訳、五四頁。
（18）*ibid.*, p.36. 鈴木訳、三九頁。
（19）*ibid.*, p.44. 鈴木訳、四八頁。
（20）*ibid.*, p.272. 鈴木訳、三〇〇頁。
（21）*ibid.*, p.272. 鈴木訳、三〇〇頁。
（22）*ibid.*, p.37. 鈴木訳、四〇頁。
（23）*ibid.*, p.38. 鈴木訳、四三頁。
（24）*ibid.*, p.38. 鈴木訳、四一頁。
（25）*ibid.*, p.55. 鈴木訳、六一頁。
（26）*ibid.*, p.58. 鈴木訳、六三頁。
（27）*ibid.*, p.60. 鈴木訳、六六頁。
（28）*ibid.*, p.96. 鈴木訳、一〇六頁。
（29）*ibid.*, p.64. 鈴木訳、六九頁。
（30）Ｐ・フルキエ著　中村雄二郎・福井純訳『哲学講義１　認識』筑摩書房、一九九七年、三八一頁。

（31）*Art as Experience*, p.75. 鈴木訳、八二頁。
（32）*ibid.*, p.58. 鈴木訳、六三頁。
（33）*ibid.*, p.78. 鈴木訳、八五-八六頁。
（34）*ibid.*, p.67. 鈴木訳、七二-七三頁。
（35）*ibid.*, p.68. 鈴木訳、七四頁。
（36）*ibid.*, p.69. 鈴木訳、七五頁。
（37）*ibid.*, p.195. 鈴木訳、二一三頁。
（38）*Experience and Nature*, p.263. 帆足訳、二〇二頁。
（39）*Art as Experience*, p.208. 鈴木訳、二二八頁。

第三章　芸術的経験論における表現内容としての「質」(quality)

一　研究の目的と方法

第二章では、芸術的経験における感情（emotion）の機能について次のように論究した。人間の感情は、生物段階の感情を受け継いだもので、それは人間的特質である言語や知性をもたらす基盤となる。そして、価値的経験において感情は、発展する経験の過程で個々散々している多くの素材の中から、その経験として組織されるものを、細心に取捨選択をする働きを持つ。芸術経験において感情は、散々している多くの素材からその素材に所属している価値を抽き出し、その抽象した価値をある一つの経験へ向かって発展的に凝集する働きを持っている。しかし、芸術経験において感情は、表現される内容ではない。表現の内容は、「質」である。[1]

では、この表現内容としての「質」とは何か。そこで、この第三章では、学校の芸術教育を実践的に展開するための基礎理論を得るために、デューイの芸術経験論を中心に、芸術の表現内容としての「質」の捉え方を探り、芸術の表現内容としての「質」の諸相を明らかにすることを目的とする。そのための研究方法は、デューイの所論『経験と自然』（*Experience and Nature*, 1929）と『経験としての芸術』（*Art as Experience*, 1934）を中心とし、先の目的から解明する。

そして、これらの文献を通じ、第一に、自然における「性質」と芸術の表現内容としての「質」はどういう諸相で捉えられているかを明らかにする。第二に、デューイが捉えた芸術の表現内容としての「質」は、芸術作品にはどのように表れるのか、音楽や美術の作品の事例を分析する。このような方法によって、デューイが捉えた芸術の表現内容としての「質」についての理論を実際の姿で明らかにする。

自然の「性質」について論究した先行研究には、杵淵俊夫氏の論文「自然は『質』を帯びているというデューイの考え方について」(2)がある。この論文の主旨は次のようにまとめられる。

われわれが主として学校教育を通じ科学的知識として意識的に習得した「自然」の像は、ロックやサンタヤーナの言う「第二性質」(感覚的諸性質)および「第三性質」(情緒的、美的、道徳的性質)を否定され、ロックの言う「第一性質」(質量、延長、運動に関する諸性質)だけを帯びているものとしての「自然」の概念である。以上の第一性質、第二性質、第三性質は、次のように区分される。

第一性質は「状況・事態や事物、換言すれば諸特性(質)の相互の間の諸関係 relations を記述・表示したものである。」(質量、延長、運動に関する諸特性)第二性質は「行動(経験)の状況や自体を構成しまたは代表しているものとして注目された個々の所持物が帯びるもの、それらを際立たせ特徴づけるものとして、認めることができる。」(感覚的諸性質)第三性質は「行動(経験)の状況が全体として帯びるところのもの、その種の状況や事態を特徴づけ、他のものと相互に区別するところのものである。」(情緒的、美的あるいは道徳的な種類の性質)

この第三章では、デューイの自然の「性質」の捉え方を直接的に問題にするのではなく、杵淵俊夫氏が論究したところの自然の「第二性質」すなわち感覚的諸性質や、「第三性質」すなわち情緒的、美的、道徳的諸性質は、芸術の表現内容としてどのように表れているのかということを問題にする。

二　自然における性質

(一) 感覚によってしか捉えられない自然の性質

デューイは、一七世紀の科学革命は、自然の直接的性質を「質」としてではなく、関係として取り扱ったときに始まったと次のように言う。

「自然科学は、研究者が直接的性質、諸事件の『感覚（sense・意味）』、例えば濡れている（wet）、乾いている（dry）、熱い（hot）、寒い（cold）、軽い（light）、重い（heavy）、上へ（up）、下へ（down）とかいう『第一次的』すなわち意味ある性質を無視して、これらのものを質としてではなく関係として取り扱ったときに始まった。(3)」

このデューイの言説から自然の直接的性質とは、例えば、濡れている、乾いている、熱い、寒い、軽い、重い、上へ、下へといった人間の認識において感覚によって感受される性質を指すと言える。

そして、自然科学は、これらの自然の直接的質を「質」としてではなく関係として扱ってきた。例えば、自然科学の対象とする赤と緑の違いは、赤と緑の電磁波の違いから、色の七色の中に赤と緑を位置付けることをする。また、自然科学の対象とする楽器の音色の違いもオッシログラフに表れる波形の形の違いによって示されるものとして捉えてきた。

しかし、デューイも言うように感覚（feeling）の中では、ひとつの質は、質として存在する。(4)例えば、われわれは同じ赤でもバラの花の赤とケイトウの花の赤を識別する。そして、バラを育成する園芸家は、同じ赤いバラでも微妙な色合いの差を区別する。染色の職人は、同じ黒の色でも一〇〇種類の黒の色を区別すると言われている。またわれわれは、ヴァイオリンの音の高さ一点Aの音色でもオッシログラフの波形には表れない音の軽さ、重さ、広がり、あたたかさ、つめたさ等の微妙な音の違いを感じ取ることができる。

デューイが述べているように近代の自然科学は、自然の質的状況を数的に還元したのであるが、[5]しかし、自然には、数的には扱えず、感覚（feeling）によってしか扱えない「質」が存在するのである。

(二)　感覚的質は、生活体と外的事物との相互作用の「質」

ところでデューイは、自然の直接的性質（感覚的質）は、生活体と外的事物との相互作用の質であると次のように見る。

「生活機構において、感覚された質は、言葉がなければ予想的に苦感（pains）、快感（pleasures）、臭気（odors）、色（colors）、雑音（noises）、調音（tones）であり、言葉が起こると、それらのものは区別され確認される。そうすると『客観化』されて事物の直接的性質となる。[6]」

このようなことから「質」は、生活体の中に元々在ったものではなく、生活体以外の存在物と生活体が共に参加する相互作用の性質となる。従って、「それらの質は、それらに携わっている生活体の質であると同時に事物の質である[7]」ということになる。つまり、直接的性質は、生活体の感覚や経験と外的事物の質との相互作用の結果ということになる。

そして、デューイは、このような自然の直接的性質の発見は、芸術に結実すべきだと述べている。[8]

そこで次に、デューイの芸術論を通じ、芸術の表現内容としての「質」の諸相について明らかにする。

三　芸術の表現内容としての「質」

芸術は、「形式」(form)と「実体」(substance)から成立する。実体は、芸術の内容であり、形式は、その内容を形造るものである。デューイは、芸術の実体には、共通に①媒介(medium)②包括的な質的全一体(an inclusive qualitative whole)③時間と空間(space-time)が認められると言う。[9]

(一)　芸術は媒介が「質」を伝える

芸術は、音、色彩、身体的動き、ことば等の媒介物の違いによって分類される。媒介物は、芸術家と認識者との間の仲介者となる。そして、自然的素材や人間関係の素材等、自然や社会に個々散々している素材が媒介として用いられるとき表現となる。

芸術には、それぞれに特定の媒介がある。この媒介が質的全体を伝えるのである。

「われわれはこの眼で、海の緑を眼には属さず、海のものとして見、木の葉の緑とは質の違うものとして見る。そしてまた、岩の灰色とその上に生えている地衣類の灰色とはその質が違うものとして見て取る。すべて反省や検討を要しないで、ありのままの姿によって認識されるような事物においては、質とはその性質が意味するもののことである。即ちその質が属する事物のことである。

芸術は、質と意味をいきいきさせて、この両者のこうした融合を高めかつ強める力をもっている。[10]」

われわれは、海の緑と木の葉の緑とは異なる感覚的質として見て取る。芸術はこの感覚的質を媒介を通して表現するのである。

(二)　芸術によって表現される内容は「質」

芸術によって表現される内容は、「質」である。デューイは、「われわれが住む宇宙に所属するというこの質を取り出して、これを強調するのが芸術である。[11]」と述べているように、芸術によって表現される内容は「質」である。

芸術作品の中では、全体を貫いている「質」によって、内容が制御されている。この「質」は、芸術作品のあらゆる部分の中にみい出される。そのために、作品の様々な部分の特殊な質は、物理的事物のおよびもつかないほど渾然と混合し融合している。この融合とは、例えば、「どっしりとした感じ」というように作品のあらゆる部分が同一の質的統一の存在として感じられるということである。

そして、デューイが述べているように、この「質」は、叙述はできず、種類別にも指摘できず、ただ感情的に「直観」(intuition) することによってしか捉えられないのである。[12]

(三)　芸術表現に共通に見られる質(時間と空間)

デューイは、言う。「科学は、質的な時間と空間を取り上げて、これを方程式の中にはいりうるような関係に還元するが、それと同様に芸術もこの時間と空間をして、あらゆる事物の実体そのもののもつ高い価値として、独特な意味深いものにする。[13]」

芸術によって共通に表現される質は、時間的質と空間的質である。つまり、デューイによると、あらゆる芸術作品には、時間と空間の質が含まれているということである。この時間と空間は個別に存在するのではなく、時間には空間的体積が、空間の中には時間と運動が含まれるということである。

音楽には、時間的質だけでなく、空間的体積も含まれるということについて、デューイは、W・ジェームスの次のような音についての捉え方を引用する。「心理学者たちは音の中に常に時間的性質のみをみていた。そして、彼らの或る者はこの性質を、音のもつその他の特性と同様に特有な一性質と考えないで、この時間的性質をさえ知的な関連性の問題だと考えた。ジェームスはしかし、音にはまた空間的体積もあることを示した。[14]」

デューイは、このジェームスの音についての捉え方を次のように敷衍する。「音が高いとか低いとか、長いとか短いとか、薄っぺらだとか重々しいとか言われるのは、比喩ではない。音楽においては、音は進みもしもどりもする。進行と同じく休止も表わす。（中略）音は事物の音であっても、ものから遊離し孤立しているのではない。音を発する事物は、広がりと体積をもった世界の中に存しているのである。[15]」

よく造形芸術は空間芸術として、音楽は時間芸術として分類される。しかし、造形芸術は、色彩プラス空間を持って、空間的様相を強調し、音楽は、音プラス時間を持って時間的性質を強調しているため、共通的実体内で強調点が異なるだけである。[16]

従って、造形芸術の中に空間的質だけでなく、推移や運動性といった時間的要素も感じ取られ、音楽の旋律などの時間的流れの中に空間的な広がりをみ出すことができるのである。その例として、デューイは時間芸術としてはベートーベンの『第1交響曲』第1楽章の冒頭を、そして、造形芸術としてはセザンヌの『トランプをする人』をあげている。(17)

そこで、次にはこれらの事例を分析し、この音楽と絵画という異なる芸術には共通に時間の質と空間の質が表現され、そして「どっしりとした感じ」という「質」が統一的に表現されていることを考察する。

四　芸術作品に表現される「質」の事例

楽譜1は、ベートーベン作曲『第1交響曲』第1楽章の序奏（全一二小節）の音楽構成の楽譜である。楽譜から音楽の動きを読み取ると、次のような特徴が見られる。

・拍子は四分の四拍子で、速度は、きわめてゆるやか（adagio molto）である。
・管弦楽器による音の重なりは、重厚さを感じる。
・旋律が単純に流れているのではなく、音が鳴っているところと休符との対比がある。
・音の持続性（音が継続的に鳴り響いている）がある。
・音域には、高低の対比がある。
・旋律を和声の響きで支えているところがある。

このような特徴、すなわちきわめてゆるやかな速度や管弦楽器による音の重なり等からベートーベンの『第1交響曲』

の冒頭の部分は、時間の質と空間の質を表現するとともに、「どっしりとした量感」を統一的に表していると言える。

次に、絵画1は、セザンヌの『トランプをする人』である。この絵画を分析的に捉えると次のような特徴が見られる。
・人物の配置については、配置がシンメトリーになっていて安定性を感じる。そのシンメトリーは、全く対照的であれば冷たさを感じるが、部分（例えば帽子）に違いがあり、それが見る人の想像をかきたて、あたたかさを感じる。
・机の形や色彩からも重量感と安定感を感じる。
・空間における人物の位置、それと背景と前景との色の明度の違いによって空間性を感じると同時に、左の人物と右の人物の色の明度の違いから、時間的な推移を感じる。
このような特徴、すなわち人物の配置や机の形や色彩等から、セザンヌの『トランプをする人』は、空間的質を中心にしながらも推移という時間的質を表現するとともに、「どっしりとした量感」を統一的に表現していると言える。

以上の二つの事例の分析から、時間芸術は音を媒介とし、それを時間的に構成することによって、そして、空間芸術は色彩を媒介とし、それを空間的に構成することによって、いずれも時間と空間の性質を表現するとともに「どっしりとした感じ」という「質」を表していると言えよう。

自然には、数量では扱えず、感覚によってしか扱えない「性質」、すなわち「感覚的質」が存在する。この感覚的質は、人間の感覚や経験と外的事物の性質との相互作用の結果としての「質」となる。

そして、この「質」は、芸術には、媒介を通して表現される。芸術作品の中では、様々な部分の特殊な質は、例えば「どっしりとした感じ」というように一つの質的統一の存在として感じられるものとして表される。

また、芸術によって共通に表現される質は、時間的質と空間的質である。実際の芸術作品の事例に表現される「質」を見ると、造形芸術の中には、空間的質だけでなく、推移や運動性といった時間的要素も感じ取られ、そして音楽の旋律などの時間的流れの中に空間的広がりを見い出すことができる。

従って、芸術教育の実践においては、自然の「質」を媒介を通して表現することや、芸術作品の中に時間的質や空間的質を感じ取るようにすることが本質的に求められることとなる。

五　結　論

本論文は、デューイ芸術的経験論を基に表現内容としての「質」を理論と実際の両面から明らかにすることであった。残された課題は、芸術表現において、第二性質（「感覚的質」）と第三性質（「情緒的・美的・道徳的質」）の関連を明らかにすることである。この点については、第十章「芸術的経験における『美』の捉え方の特徴」で言及している。

楽譜1　ベートーベン『第1交響曲』第1楽章の序奏の部分（12小節）

4
Fl.
Ob.
Clar. (Do)
Fag.
Cor. (Do)
Clno. (Do)
Timp.
Viol.
Vle.
Vc. e B.
ten.
cresc.

絵画１　セザンヌ『トランプをする人』

五　結論

注

（1）拙稿「デューイ芸術経験論にみる感情の機能についての一考察」『日本デューイ学会紀要』第四二号、二〇〇一年、三七-四四頁。（本書、第二章に収録）

（2）『日本デューイ学会紀要』第三二号、一九九一年。

（3）J.Dewey, *Experience and Nature*, Dover Publication, 1929（1958）, p.263. 帆足理一郎訳『経験と自然』春秋社、一九五九年、二〇二頁。

（4）*ibid.*, p.266. 帆足訳、二〇四頁。

（5）J.Dewey, *Art as Experience*, New York : Capricorn Books, 1958（1934）, p.208. 鈴木康司訳『芸術論―経験としての芸術―』春秋社、一九六九年、二二八頁。

（6）*Experience and Nature*, p.259. 帆足訳、一九八頁。

（7）*ibid.*, p.259. 帆足訳、一九八頁。

（8）*ibid.*, p.120. 帆足訳、一〇〇頁。

（9）*Art as Experience*, pp.187-213. 鈴木訳、二〇四-二三四頁。

（10）*ibid.*, p.259. 鈴木訳、二八六頁。

（11）*ibid.*, p.195. 鈴木訳、二一三頁。

（12）*ibid.*, p.192. 鈴木訳、二一〇頁。

（13）*ibid.*, p.207. 鈴木訳、二二七頁。

（14）*ibid.*, p.207. 鈴木訳、二二七頁。

（15）*ibid.*, p.210. 鈴木訳、二三〇頁。

(16) *ibid*., p.208. 鈴木訳、二二八頁。
(17) *ibid*., p.208. 鈴木訳、二二八頁。

第四章　芸術的経験論における表現内容としての「感覚的質」(sense quality)

一　研究の目的と方法

(一)　研究の背景

第三章の「芸術的経験論における表現内容としての『質』(quality)」では、学校における芸術教育を実践的に展開するための基礎理論を得るために、デューイの芸術論を基に、芸術の表現内容としての「質」について理論と実際の両面から明らかにした。その要点は次のようになる。

自然には、数量では扱えず感覚によってしか扱えない「質」、すなわち「感覚的質」が存在する。この「感覚的質」は、人間の感覚や経験と外的事物の性質との相互作用の結果としての「質」となる。そして、この「質」は、芸術には、媒介を通して表現される。芸術作品の中では、様々な部分の特殊な性質は、例えば「どっしりした感じ」というように、一つの質的統一の存在として感じられるものとして表される。また、芸術によって共通に表現される質は、時間的質と空間的質である。このことから、芸術教育の実践においては、それらの質を自然の媒介を通して表現すること、そして、芸術作品の中に表現内容としての「質」を感じ取るようにすることが求められる。(1)

そこで、次に出てきた課題は、芸術表現において表現内容の基となる「感覚的質」とは何か、ということである。研究方法として、J・デューイの「感覚的質」の考え方と、茂木健一郎の「質感」の考え方を比較する。このような方法を取ろうとした動機は、次のような点にある。デューイが自然の「感覚的質」について哲学的に捉えたことを、茂木は現代の理論神経科学という科学の立場から同様の捉え方をしているからである。自然の「感覚的質」の両者の捉えについて比較すると次のようになる。

まず、デューイは芸術の表現とこの「感覚的質」との関連を次のように捉えている。芸術には、それぞれに特定の媒介がある。この媒介が質的全体を伝える。われわれは、海の緑と木の葉の緑とは異なる「感覚的質」として見て取る。質とは、その質が意味するものである。すなわち、その質が属する事物のことである。芸術は、この「感覚的質」を媒介を通して表現するのである。(2)

次に、茂木は、自然に備わる性質を、われわれは「質感」(qualia) として認識すると、次のように述べている。「私たちの感覚の中にあふれている様々な『質感』を過不足なく表現しきれるような言葉を獲得することはついにないように思える。いや、たった一つの質感でさえ一〇〇%的確に表現できるような言葉はない。少しでも自分の感受性に注意を払う人ならば、薔薇の『赤』の感じ、冷たい水が喉を通る時の『ごくっと爽やかな』感じ、洗い立ての猫の毛に触れたときの『ふわふわ』した感じは、決して『言葉』では表現しきれないある原始的な感覚を持っていることに同意するだろう。質感を言葉、より一般的に言えば『シンボル』で表現しきれないことは、質感に関する最も基本的な事実だ。私たちにとって、世界は、このようなシンボルでは表現しきれない『質感』に満ち溢れているのだ。(3)」

「質」(性質) を扱った日本における先行研究には、次の論文がある。これらの先行研究を、特に「感覚的質」の視点から見る。まず、佐々木俊介には、「デューイの質理論の誕生―1―」[4]がある。この論文では、ロックやサンタヤーナの言う「性質」の分類に則して、デューイの「性質」(「質」)の考え方を次のように分けている。

第一性質は、科学上の法則等、ある事物事柄を他の事物事柄との関係で捉えたものを指す。第二性質は、我々にとって直接的なもの、「赤さ」、「痛さ」等理屈抜きに感じられるものを指す。第三性質は、ある状況の中にしみわたっている雰囲気のようなものを指す。「たとえば一幅の絵には、色や線などの各構成要素とともに、これらの要素の全てにいわばしみわたって、これらを一つにまとめ上げている雰囲気のようなものがある。[5]」

次に、杵淵俊夫には、「自然は『質』を帯びているというデューイの考え方について[6]」がある。この論文では、ロックやサンタヤーナの言う「性質」の分類からすると、デューイの自然の「性質」の考え方は、次のようになると言う。[7]

第一性質は「状況・事態や事物、換言すれば諸特性(質)の相互の間の諸関係 relations を記述・表示したものである。」(質量、延長、運動に関する諸特性)第二性質は「行動(経験)の状況や自体を構成しまたは代表しているものとして注目された個々の所持物が帯びるもの、それらを際立たせ特徴づけるものとして、認めることができる。」(感覚的諸性質)第三性質は「行動(経験)の状況が全体として帯びるところのもの、その種の状況や事態を特徴づけ、他のものと相互に区別するところのものである。」(情緒的、美的あるいは道徳的な種類の性質)

本章で考察の対象とするのは、この分類で言う「第二性質」、すなわち「感覚的諸性質」(以下では「感覚的質」と言う。)である。

(二) 研究の目的と方法

第四章の目的は、デューイの経験論における「感覚的質」の考え方と、茂木健一郎の人間は自然の性質を「質感」として認識する、という考え方を比較することによって、デューイの主張する「感覚的質」の理論をより鮮明にし、芸術の表現内容やその実践への示唆を得ることである。つまり、第四章の目的は、デューイの経験論にみる「感覚的質」の考え方から芸術教育の実践への示唆を得ることにあり、デューイの「感覚的質」の捉え方を認識論として扱うものではない。

そこで研究方法は、デューイの経験論における「感覚的質」の考え方と、茂木健一郎の人間は自然の性質を「質感」として認識するという考え方とを比較研究する。比較研究する文献は、次の著書と論文である。J・デューイについては、①*Experience and Nature*, 1929[(8)]、②*Art as Experience*, 1934[(9)]、③"Qualitative Thought", 1930[(10)]、である。茂木健一郎については、①『脳とクオリア―なぜ脳に心が生まれるか―』一九九七年[(11)] ②『心を生み出す脳のシステム―「私」というミステリー』二〇〇一年[(12)]である。

二　J・デューイの「感覚的質」と茂木健一郎の「質感」の考え方の比較

ここでは、J・デューイの「感覚的質」と茂木健一郎の「質感」の考え方について比較する。比較の観点は、(一)学問分野、(二)自然の分類における「感覚的質」又は「質感」の位置付けについての見解、(三)用語と定義、(四)歴史の中での「第二性質」の扱い方についての判断、(五)「第二性質」の内容、(六)認識方法の六点である。

(一) 学問分野

第一に、デューイと茂木が「質」について問題にしている学問分野について比較する。ここで対象にしている自然の「性質」について、デューイは哲学の立場から、そして、茂木健一郎は理論神経科学、生体運動、情報処理等、科学の立場から問題にしている。

(二) 自然の性質の分類における「感覚的質」又は「質感」の位置付けについての見解

第二に、自然の性質の分類における「感覚的質」又は「質感」の位置付けについての考え方を比較する。ここでは、ロックやサンタヤーナの自然の性質の分類に則して、両者の見解を見てみる。

デューイは、本論で対象にしている「感覚的質」は、「第二性質」と位置付けている。まず、デューイの自然の性質の分類について見てみる。

「物理学も、質的考慮を忘れてきた。第一性質を、第二、第三性質から分離して扱ってきたので、第一性質は、質ではなく関係（relation）になってしまった。[13]」「自然科学は、研究者が直接的諸性質、諸事件の『感覚（sense・意味）』、例えば、濡れている、乾いている、熱い、寒い、軽い、重い、上へ、下へとかいう『第一次的』すなわち意味ある諸性質を無視し、そしてこれらのものを、質（qualities）と呼んでいるけれども質としてではなく、関係として取り扱ったときに始まった。[14]」以上から、デューイの言う自然の性質の分類は、次のようになる。

第一性質は、次の例のように自然科学の対象で事物を関係として扱うものを指す。「物理科学の意図のために赤が緑と異なっているのは、振動に適用された二組の数に、或はまた七色の中で二つの違った線の置き所に特異な意味を与えるのである。(15)」

第二性質は、デューイは「感覚（feeling）の中では一つの質は質として存在する(16)」と言っているように、例えば濡れている、乾いている、寒い、赤い、臭い、雑音、調音等、自然の直接的性質、感覚的質となるものを指す。

第三性質は、次の例のようなある状況の中での経験において、その状況が醸し出す雰囲気のようなものを指す。「経験には統一性があり、それがあのときの食事、あのときの暴風、あのときの友情の破綻というような名称を経験に与えている。この統一性の存在は単一な質から成っており、経験を構成する諸部分にはいろいろな変化があっても、この単一な質はその経験全体に滲みわたっている。(17)」

このデューイの自然における「性質」の分類から「感覚的質」は、「第二性質」となる。

一方、茂木もここで対象としている「質感」については、次に示すように「第二性質」と位置付けている。「ロックが、第一性質、第二性質というカテゴリー分けをして以来、『数』や『量』といった性質と、それ以外の『質』を表す第二性質の間には、深い断絶があるものと思われてきた。とりわけ、第一性質は、自然科学の対象になるが、第二性質は自然科学の対象にはならないとされてきた。なぜならば、第一質は定量化が可能であるが、第二性質、すなわち、『質』は定量化が不可能であり、定量的な法則を導出することを究極の目的とする自然科学の対象にはならないとされてきたのである。このような視点からすると、『クオリア』などは、定量化が不可能な第二性質の最たるものであり、（何しろ、シンボルによって表すことが不可能だというのだから）、そもそも自然科学の対象にはならないということになる。(18)」

以上のように自然の性質の分類において、デューイはここで問題にしている「質」については「第二性質」とし、それを「感覚的質」という用語で対象化している。一方、茂木もここで問題にしている「質」は「第二性質」とし、それを「質感」という用語で対象化している。

(三) 用語の定義

第三に、ここで問題にしている「第二性質」についての用語と定義について比較する。デューイは、「第二性質」について、「感覚的質」(sense quality) という用語を用いている。そして、その定義は次の芸術論の中の言葉に見ると、反省や検討を要しないで、ありのままの姿によって認識されるような事物の質となる。「すべて観察されるもののうちで、反省しないでも見定めうるようなものは、感覚的質と意味とが堅固な組織の中に完全に融合統一していることを示している。[19]」

一方、茂木は、「第二性質」について「質感」(qualia) という用語を用いている。そして、その定義は次のようにしている。「クオリアの内観的定義＝クオリアは、私たちの感覚のもつ、シンボルでは表すことのできない、ある原始的な質感である。[20]」「クオリアの情報処理の側面からの定義＝クオリアは、脳の中で行われている情報処理の本質的な特性を表す概念である。[21]」

(四) 歴史の中での「第二性質」の扱いについての見解

第四に、歴史の中での「第二性質」の扱いについての見解を比較する。

まずデューイは、一七世紀の科学革命は、「直接的性質」の否定から出発した。[22]と述べているように、「第二性質」すなわち「直接的性質」（「感覚的質」）は、近代の科学の対象から突き放され、除外されてきたという見解を示している。

一方、この点について茂木健一郎は、次のような見解を示している。

「自然科学が今日まで自然を量的なものと質的なものに分け、質的なものに対しては、『クオリア』を含め、沈黙を守ってきたことは、（ホワイトヘッドのように、その分裂を痛烈に批判する人もいたが）、好意的に見れば、分をわきまえた賢い態度であったということができるかもしれない。[23]」

このように、デューイ、茂木は、共に近代の自然科学の歴史の中においては自然を量的なものとして扱い、質的なものを対象外にしてきたという見解を示している。

(五)　「第二性質」の内容

第五に、「第二性質」の内容の捉え方を比較する。

デューイは、「第二性質」（「感覚的質」）として次のような内容を上げている。濡れている、乾いている、熱い、寒い、軽い、重い、上へ、下へ、赤い、臭い、調音、雑音。[24]「われわれはこの眼で、海の緑を眼には属さず、海のものとして見、木の葉の緑とは質の違うものとして見る。そしてまた、岩の灰色とその上に生えている地衣類の灰色とはその質が違うのを見て取る。[25]」

一方、茂木は、「第二性質」（「質感」）として次のような内容を上げている。薔薇の「赤」の感じ、冷たい水が喉を通る時の「ごくっと爽やかな」感じ、洗いたての猫の毛にふれたときの「ふわふわ」した感じ、ピアノやヴァイオリンの音色に対する感じ等。(26)

このように「第二性質」として上げる内容は、デューイも茂木も人間の五感で直接的に感受する内容となっている。

㈥　認識方法

第六に、「第二性質」の認識方法についての考え方を比較する。

まず、デューイのこの「第二性質」の認識についての考え方を取り出してみる。

「行動の諸性質（もろもろの感じ）における差異が、なされたまたはなされるべき行為の表示として、またその結果の符号として用いられるとき、それは何事かを意味する。それら行動の諸性質は直接に何物かを意味し、その意味はそれらのものの性格として把持される。感じは意味となり、事件や事物の直接の意味として、それらのものは感覚、一そう適切に言えば感覚されたもの（sensa）である。それらの感じである生機行動（organic action）の質（qualities）は、言葉がなければただ潜在的に予想的に苦感、快感、臭気、色、雑音、調音などであるが、言葉が起ると、それらのものは区別され、確認される。そうすると『客観化』されて事物の直接的特性となる。(27)」「それ故、それらの質は、それに携わる生活体の質であると同時に事物の質である。(28)」

以上から、「直接的性質」（感覚的質）は、生活体の中に元々あったものではなく、生活体以外の存在物と生活体が共に参加する相互作用の性質と言える。従って、「直接的性質」（感覚的質）は、生活体の感覚や経験と対象物の質との相互作用によって認識されるものとなる。

一方、茂木は、この「第二性質」の認識は、大脳の中のニューロン（神経細胞）の発火、およびその間の相互関係による、という考え方を示している。その考え方を次に示す。

「『赤』が『赤らしさ』を持つのは、それがある特定の波長の領域の可視光に対応する認識だからというのは、まったく間違った考え方なのだ。同様に、ピアノの音がピアノの音の質感を持つのは、ピアノの音が、ある特定の周波数の分布を持つからだというのも、まったく考え違いだ。私たちは、認識のもつ属性は、あくまでも、脳の中のニューロンの発火、およびその間の相互関係によって決まるということを、（中略）繰り返し議論してきた。[29]」

次に茂木は、認識における全体と要素の関連については、次のような考え方を示している。

まず要素の認識についてである。「例えば、テクスチャー、端、形、などは、すべて認識の要素である。また、視野の中における位置も、認識の要素の一つである。（中略）これら認識の要素はすべて一般的な意味での『クオリア』であるとみなすことができる。[30]」「認識の要素は、認識の時空の中の『点』の持つ性質であるとみなすことができる。[31]」

この要素の認識については、次のように理解される。例えば、われわれが「赤いバラの花」を見ているときに、形・色・テクスチャー・花が右に動いているという動きについて、われわれはこれらそれぞれの要素を「質感」として感じ取っている、ということである。そして、われわれが「赤いバラの花が右に動いている」と対象を全体として認識するときには、形や色などの要素は、点としての質になるということである。

次は、認識における要素と時空の関係についてである。「認識の時空は、認識の要素の相互関係の中から生成されてくる。[32]」そして、例えば「『バラ』という認識を構成する一連のニューロンの発火は、心理的時間においては、『同時』でなければならない。[33]」

このことは、次のように理解される。われわれが「赤いバラが右に動いている」と時空の中で認識するのは、色や形やそれらの時空における位置などの要素間の相互間関係によるということである。そして、この要素の認識と「赤いバラが右に動いている」と要素を構成し、対象を全体として認識するのは、時間的に同時になされるということである。

そこで、デューイの芸術的経験論にみる「感覚的質」についての次に示す例を、茂木の「質感」の認識理論によって解釈してみる。

まず、このデューイが「感覚的質」の例として上げている中から「質」としての要素と取り出してみる。「岩の灰色とその上に生えている地衣類の灰色とはその性質が違うのを見て取る。」(34) ①岩については、岩の灰色という色・岩の形・岩の端・岩のテクスチャー（岩の肌がごつごつしていることやくぼみを持つこと）・岩の空間における位置等が上げられる。②地衣類については、こけの色・こけの形・こけの端・こけのテクスチャー・こけの空間における位置等が上げられる。

茂木の認識理論から見ると、これらそれぞれの対象を、われわれは要素としての「質感」として感じ取っているということになる。そして、茂木は、このような要素としての「質感」を「感覚的クオリア」（sensory qualia）と言っている。(35) つまり、このことは、色、テクスチャー等、それぞれの要素に対応するニューロンがあり、それらが同時に発火し相互に作用して「岩の色」という認識を得ているということである。

次に、われわれが「岩の灰色とその上に生えている地衣類の灰色」を全体として構成された「質感」として感じ取っていることを、問題にしてみる。茂木によるとこのような認識は、大脳の前頭葉のニューロンによって処理され、そして、このような「質感」は「志向的クオリア」（intentional qualia）であると言っている。(36)

さらに、茂木は人間の外界の認識は、この「感覚的クオリア」と「志向的クオリア」の組み合わせによると言っている[37]。この「感覚的クオリア」と「志向的クオリア」の関連について、デューイの自然の性質の理論と対応させ論究することは、次の課題としたい。

三　まとめと考察

デューイの言う自然の性質の中に備わる「感覚的質」は、ロックやサンタヤーナの自然の性質の分け方から見ると、「第二性質」となり、これまでの歴史においては数量化が出来ない性質であることから自然科学の対象外に置かれてきたものと言える。

「感覚的質」の内容は、デューイによると濡れている、乾いている、熱い、寒い、軽い、重い、上へ、下へ、赤い、青い、臭い、雑音、調音等、五感で直接的にしか感じ取れない、物そのものに備わる質となる。しかもそれは、言語化される以前の感覚（feeling）でしか捕まえられない物の質となる。また、例えば「猫の毛のフワフワした感じ」というように、比喩的にしか表せられない物の質となる。

そして、それらの「感覚的質」は、茂木健一郎の説によると、脳の中のニューロンの発火、およびその間の相互関係によって認識されるものとなる。

個々の事物の「感覚的質」には、その事物の中に異なる「感覚的質」が備わっているとみなされる。例えば、赤い薔薇の花は、赤い色という「感覚的質」、花びらの形という「感覚的質」、個々の花びらの重なりや地などから生まれるテクスチャーという「感覚的質」、その花が他の花や物とどういう関連にあるか、例えば右上か、左下かなど事物のおかれている空間的位置についての「感覚的質」等が見出される。

人間は、これら要素の「感覚的質」も認識しているが、それら要素の「感覚的質」の相互関係からそれらを連結させ、例えば、「ビロードのような赤い薔薇の花」というように認識するのである。そして、この要素と全体は、同時に認識されているとなる。

芸術教育の実践においては、例えば、「赤い薔薇の花」を対象物として絵を描かせるとき、単に赤い薔薇の花を描かせるのではなく、その全体としての「感覚的質」と共に、その赤い薔薇が備える色合い、花びらの形、花びらと花びらの重なりや地から生まれるテクスチャー、他の花や物との関係でその花が置かれている空間的位置等に注目させることによって、その対象が持つ固有の質を「感覚的質」として感じ取り、表現できるようになると言えよう。

注

（1）拙稿「デューイの芸術経験論に見る表現内容としての『性質』（quality）の捉え方についての一考察」『日本デューイ学会紀要』第四三号、二〇〇二年、一二一―一二七頁。（本書、第三章に収録）

（2）J.Dewey, *Art as Experience*, Capricorn Books, 1958（1934）, p.259. 鈴木康司訳『芸術論―経験としての芸術―』春秋社、一九六九年、二八六頁。

（3）茂木健一郎『脳とクオリア―なぜ脳に心が生まれるか―』一九九七年、一一一―一一二頁。

（4）佐々木俊介「デューイの質理論の誕生―1―」『筑波大学教育学系論集』九巻二号一九八五年、一五三―一六五頁。

(5) 同上、一五五頁。

(6) 杵渕俊夫「自然は『質』を帯びているというデューイの考え方について」『日本デューイ学会紀要』第三二号、一九九一年、二五-三一頁。

(7) 同上、三〇頁。

(8) J.Dewey, *Experience and Nature*, Dover Publications, 1958 (1929). 帆足理一郎訳『経験と自然』春秋社、一九五九年。

(9) J.Dewey, *Art as Experience*, Capricorn Books, 1958 (1934). 鈴木康司訳『芸術論—経験としての芸術—』春秋社、一九六九年。

(10) J.Dewey, "Qualitative Thought", *LW*, vol.5. 1930, pp.243-262.

(11) 『脳とクオリア—なぜ脳に心が生まれるか—』日経サイエンス社、一九九七年。

(12) 『心を生み出す脳のシステム—「私」というミステリー』日本放送出版協会、二〇〇一年。

(13) J.Dewey, "Qualitative Thought", p.243.

(14) J.Dewey, *Experience and Nature*, p.263. 前掲、帆足訳、一九五九年、二〇二頁。

(15) *ibid.*, p.266. 帆足訳、二〇四頁。

(16) *ibid.*, p.266. 帆足訳、二〇四頁。

(17) J.Dewey., *Art as Experience*, p.37. 鈴木訳、四〇頁。

(18) 茂木健一郎『脳とクオリア—なぜ脳に心が生まれるか—』一五三頁。

(19) J.Dewey., *Art as Experience*, p.259. 鈴木訳、二八六頁。

(20) 茂木健一郎『脳とクオリア—なぜ脳に心が生まれるか—』一四七頁。

(21) 同上、一五三頁。

(22) J.Dewey., *Experience and Nature*, p.264. 帆足訳、二〇三頁。

(23) 茂木健一郎『脳とクオリア―なぜ脳に心が生まれるか―』一五三頁。

(24) J.Dewey., *Experience and Nature*, p.263. 帆足訳、二〇二頁。

(25) J.Dewey., *Art as Experience*, p.259. 鈴木訳、二八六頁。

(26) 茂木健一郎『脳とクオリア―なぜ脳に心が生まれるか―』一一-一二頁。

(27) J.Dewey., *Experience and Nature*, pp.258-259. 帆足訳、一九八頁。

(28) *ibid*., 1925, p.259. 帆足訳、一九八頁。

(29) 茂木健一郎『脳とクオリア―なぜ脳に心が生まれるか―』一六九頁。

(30) 同上、九八頁。

(31) 同上、九八頁。

(32) 同上、九八頁。

(33) 同上、一〇六頁。

(34) J.Dewey., *Art as Experience*, p.259. 鈴木訳、二八六頁。

(35) 茂木健一郎『心が生み出す脳のシステム―「私」というミステリー』日本放送出版協会、二〇〇一年、五五-五七頁。

(36) 同上、五五-五七頁。

(37) 同上、五七-六四頁。

第五章　芸術的経験論における芸術の形式と実体（内容）の生成

一　研究の目的と方法

第三章では、芸術的経験論における表現内容は、「質」（quality）であるということを明らかにした。芸術は、形式（form）と実体（substance）から成立する。実体は、芸術の内容（matter）であり、形式は、その内容を形造るものである。そして、芸術の実体には、共通に①媒介、②包括的な質的全一体、③時間と空間が認められる。さらに、この中の包括的な質的全一体は、自然に存在し感覚によってしか扱えない「質」、具体的には「感覚的質」を、例えば「どっしりとした感じ」というように一つの質的統一の存在として感じられるものとして芸術作品に表したものを言う(1)。では、この芸術的経験における表現内容としての質は、いかなる方法で表現として形造られるのか。この問いに応えるために、芸術における形式と実体（内容）の生成過程を捉える。

そこでこの第五章では、第一に芸術表現における「形式」の概念とその意味について明らかにする。第二に芸術表現は形式と実体から成立するときの表現のかたちとなる「形式」はいかなる条件の下で生成されるのかを、経験におけるリズムの視点から明らかにする。第三に芸術表現において内容となる「実体」の生成について明らかにする。対象とする文献は、デューイの『経験としての芸術』（*Art as Experience*, 1934）の「第六章　実体と形式」（VI. SUBUSTANCE AND FORM）、「第七章　形式の生成」（VII. THE NATURAL HISTORY OF FORM）、「第八章　力の組織化」（VIII. THE ORGANAIZATION OF ENERGIES）、「第九章　芸術共通の実体」（IX. THE COMMON SUBSTANCE OF THE ARTS）を中心に取り上げる。

デューイの芸術的経験論における芸術の形式の生成（generation）に関する先行研究には、胡　豊四「芸術と教育」[2]がある。この論文の要旨は、次のようになる。芸術が人間の経験の再構成に寄与するためには、芸術の所産は普遍的なものでなくてはならないと言える。それでは、芸術家の活動の成果がどのような根拠によって普遍的なものになりうるのか。この課題にデューイの *Art as Experience*, 1934 に見られる芸術における形式の捉え方を探ることによって答えている。そして、この論文では、形式の生成について、デューイは一元論の哲学の立場から形式と内容を捉えていて、その形式と内容の一体化には経験におけるリズムが大きな役割をしているとし、このことが芸術作品の普遍性を作り、それ故、芸術的経験が教育の基礎となると考察している。

二　芸術表現における形式の概念と意味

本章で第一に明らかにしたいことは、芸術表現のかたちをつくる「形式」そのものの概念や意味についてである。

(一)　芸術的経験における「形式」の概念

まず「形式」の定義を見てみる。デューイは、芸術における形式とは、経験が一つの経験になる一特質であり、経験を完成させる力になると次のように捉えている。「形式とは、すべて経験が一つの経験となった場合の一特質である。(3)」

また、デューイは、形式は、形状(shape)、形象(figure)と同義とみる。例えば、さじ、ナイフ、フォークの形状が飲物を口に運ぶという目的と関連して形作られているように、事物の形状は、目的や機能と結びついている。従って、デューイは、形状という事物の空間的特性は、一つの目的に適応するときのみ、或る役割を果たすと言う(4)。例えば、さじは飲物を口に運ぶという目的のために、その形状は、手に持つところと飲物を入れるところに大きく分かれ、飲物をのせるところは円錐型にくぼんでいるように、全体の意味が部分の中に入り込んでいる。このことから、デューイは、形状、形式は、ものの構成要素を組織する働きがあると言う(5)。

(二) 形状と優美との関係について

次にデューイは、物の形状は、優美さ(grace)との関係があると言う(6)。例えば、さじの目的は、飲物を口に運ぶことであり、そのため、事物の形状は、特定の目的に限定されている。けれども、さじの形状には、こうした機能性・適合性の他に優美と呼ばれるような美的性質(esthetic quality)を備えている。例えば、ある椅子が見た目には見栄えがよくなくても、かけ心地のいい衛生に適したものであれば、座るのに役立つものとなる。だが、その椅子が座ることに用いるのに適していても、視覚の役割を促進せず、むしろ妨害するならば、その椅子はやはり醜いものとなる。従って、工芸品であっても、その形状は、美的側面との関係によって、それが保たれているとデューイは見るのである。[7]

(三)　物質の形状について

ところで、デューイは「物質」(matter) は、形式 (form) を備えて、はじめてわれわれの知識の対象となると言う。[8] 物質は、非合理的で混沌として変動するもので、この物質は、形式 (form) によって刻印される材料 (stuff) である。物質は、変動的であるのに対し、物質に形式が刻印されれば、永遠的となり、人間の知覚の対象となる。[9]

われわれは、事物を認識する場合、例えば、椅子・テーブルを区別するのは、それに適した形状という意味での形式による。われわれは、このようにして事物を眺め、「知る」(know) のである。「事物が現にあるようなものにあるのは、それがもともと或る形式を備えているから[10]」であって、つまり、事物は形式によって可知的なものとなる。従って、芸術作品も素材となる自然の物質に形式が備わるときわれわれ人間の知覚対象になると言える。

(四)　事物は要素の排列によって形式が形造られる

しかし、芸術上の重要な区別は、上記で述べた形式と物質との区別ではなく、「適切に形成されていない物質と、完全に整然と形造られる素材 (material) との区別だけ[11]」である。例えば、敷物・つぼ・籠などの工芸品も特定の用途にかなった形式を持つ。それぞれの工芸品は、素材が排列され、鑑賞者の直接経験を豊富にする側面を持ち、質的形式を備えている。つまり、これらの工芸品 (industrial art) は、材料を加工して、全体の目的に添うように部分を形成したり、部分を互いに関連させて排列したりし、特定の用途にかなった形式を持っている。そうでなければ、それがさじに用いられるにせよ、絨毯に用いられるにせよ、目的にかなったものとなることはできない。だから、事物は限定的な意味での形式を持っている。(12)

そこで、デューイは「この形式が特定の目的に限定されず、それから解放されて、直接的な溌剌とした経験となるのに役立つとき、その形式は単に有用であるばかりでなく、また美的でもある」(13)と見る。このデューイの事物の形式の考え方から、芸術の形式は、事物を形造る諸要素としての素材の排列において、それを特定の目的に限定するのではなく、芸術的経験として「一つの経験」を完結する時に、生成されると理解される。果たして、そうか。

三　芸術的経験における形式の生成

第二に明らかにしたいことは、芸術的経験における形式の生成についてである。芸術表現においては、素材(material)を組織しそれが芸術表現の内容となり、またそれが形式となる。つまり、自然に備わる感覚的質は、素材によってその意味が表される。その素材は、芸術表現の媒介となる。素材によって感覚的質の意味が凝集され一つの美的表現となったときに、その素材は形式となり、他方そこに備わる質が内容となる。従って、形式は、その構成要素を組織化する働きがある。このように芸術作品においては、内容と形式は一体となっていて、この両者は、芸術作品を反省的に見るとき区別される。ここでは、芸術表現において、素材に具わる感覚的質が形式となり、また、内容となる過程を分析的に捉えてみる。

(一) 形式の生成は、有機体と環境との相互作用による

では、いかにして形式は生まれるのか。その発生の条件を挙げると次のようになる。形式生成の第一の条件は、有機体と環境との相互作用である。この相互作用による反復の中で有機体と対象とがことごとく変化する中で形式は生成される。対象となる自然の素材は、他のあらゆる素材と融合し部分が一つの経験となったとき形式が生まれる。この点についてデューイは、次のように言う。「経験を統一して本質的な完成にまで発展させようとして素材を選択排列する場合に形式が生まれる。(14)」

それでは、芸術の形式はいかなる過程の下で生成されるのか。デューイは、このことを次のような事例で描いている。

旅行者が船上からクライスラー・ビルやエンパイヤステート・ビルを眺めるとき、ある人は、建物の描き出す光景を、建物相互の関係から、或いは建物と空や河との関係から、色や光の量感として眺めるかもしれない。この場合は、画家のような見方で個々の要素を全一体の中で関連性を持って見ていて、そこには形式と内容が伴い、美的であるとデューイはみる。(15)

次はマチスの『画家の手帳』からの引用である。「例えば、私が室内画を描くとする。私の目の前には衣装があって、それが赤の鮮やかな感じを与えている。私は自分で得心のいく特殊な赤をカンバスに塗る。するとそこでこの赤とカンバスの青白さとの間に一つの関係が成り立つ。私はそのそばに緑を塗り、そしてまた床を描くために黄色を塗る、するとこの緑と黄色のカンバスの地色との間になおいっそう様々な関係が生まれる。しかし、これらのそれぞれ違った色調は互いに減殺し合う。そこで、私が用いた種々な色調は互いに傷つけないように調和する必要がある。そ

して、それをしっかり成し遂げるには、私は自分の考えをまとめねばならないし、また色調間の関係は互いに破壊し合うのではなく、盛り立てるように結ばねばならない。新たな色彩の結合は最初の結合に次いで生じ、そして私の全構想を表わすであろう。[16]」この事例でも色調間の関係が調和を目指すときそこに形式が生成されるとデューイは捉える。

あと一つは、日常生活において室内を整える中で部分と全体との関連を描いた事例である。「主婦はテーブルや椅子や敷物やあかりや壁の色やそこにかける絵の位置などを不釣り合いでなく、全体が一つによくまとまるように心を配って取捨し配置する。[17]」ここには、色調の調和、線と面がほどよく合して交わっているものが見られ、質的な統一が感じられる。こういった経験において、デューイは「そこに形式がある[18]」と言う。

以上は、旅行者の風景の観賞、画家の絵画表現、日常生活での室内の整理を事例とし、その中で形式の生成について示唆したものである。これらの事例には、芸術における形式生成の原理が描かれている。その原理は、発展的経験の中で経験の内容が統一され全体を形造られていることである。つまり、各要素は要素として留まるのではなく認識の中で全体として位置づけられ調和的に整えられ、そこに質的統一が感じられるものとなっている。こういった経験には、形式が備わると言えよう。デューイは言う。「形式とは、すべて経験が一つの経験（an experience）となった場合の一特質である[19]」と。

以上は、芸術的経験における形式の生成について見てきたが、デューイによると形式の生成はあらゆる経験が「一つの経験」として完結するための一つの条件とみなしている。言いかえると、経験が「一つの経験」になるとき、常にそこには形式が備わるものとなる。

(二)　形式の生成には相互作用においてリズムが必要

芸術的経験において形式生成の第二の条件は、有機体と環境との相互作用の中で生じるリズムである。

1　リズムの定義と経験におけるリズムの役割

デューイは、リズムにつて次のように定義する。「リズムとは、変化の中の秩序ある変動である。[20]」強さも速度もない一様なむらのない流れにはリズムはない。同様に変動の場所が定まらないときにもリズムはない。リズムは、強さの変動でもある。強さの変動は、色合いや音色などのような本質的な質的差異における変動とかを明確にするのに役立っている。人間は、自然のリズムを鑑賞するだけでなく、自然のリズムに参与し、それを表現に取り入れることをした。例えば、朝と夕、昼と夜、晴天と雨天といった自然のリズムは、人間の基本的な生存の条件と結びついている。また、例えば、戦勝や収穫を祝うとき人々は踊り、パントマイムでその喜びの気持ちを表す。その時の人々の動作や言葉には、抑揚のある形式を帯びている。また、例えば、蛇・鹿・猪の動物の動作は、舞踊に演じられ、石に刻まれ、洞窟の壁に描かれた。それらの動作には、リズムを帯び、諸動物の迫真の姿が描き出される。このように把握された自然のリズムは、人間の混乱した観察・心像を明瞭な秩序を導くものとして用いられた。こういった自然のリズムは、存在の普遍的骨組みとなり、文芸・音楽・美術・建築・舞踊等の芸術を貫いている。[21]

以上のようなことから、デューイは「リズムは、経験における形式の条件であり、従って表現の条件[22]」であると捉えている。

2　形式生成におけるリズムの機能

では、自然のリズムを芸術的経験に取り入れることによって、それは形式の生成に如何に寄与するのか、この点について次に見てみる。

a　リズムは、反復の力で過去の同質の経験を糾合する

人間感情（human emotion）の直接的発散は、表現をだめにし、リズムを損なう。[23]「感情は、記憶や心像を呼び起こし、糾合し、取り入れ、斥ける。そして、これらを同じ直接的な情緒・感情によってあまねく彩られた全一体に作り上げる。[24]」この時、リズムはリズムという経験における反復の力で現在の経験と同質のものを過去の経験から汲み取りそれらを糾合することをする。

b　リズムは、経験において部分を全体の関連性へと進展させる

反復（recurrence）なくしては、リズムはない。美的反復は、蓄積し進展する関連性の反復である。単なる反復は、注意を全体に向かわせないで、単独な部分としての単位に集中させる。この場合は、美的効果を殺す。これに対し、反復に関連性が伴っていれば、部分に独自の個別性を与え、部分を明瞭にして限定するのに役立つ。また、部分を結合する。反復的関連性においては、区分された個々の存在は、関係を持つものとなる。つまり、部分は他の部分と連合し、相互作用しようとする。こういったことから、美的反復において繰り返されるものは、要素ではなく、むしろ関連性のある、それも反復されて違った結果をもたらす。それ故、リズムによる反復は過去を思い起こされるものと、漸進するものからなり、表現を進展させる。[25]

以上から、美的反復としてのリズムは、過去の経験と現在の経験、及び要素と要素との関連性を作り、経験の中で新奇なものを生み出す役割をするものと言えよう。

c　リズムは、要素に備わる力を結集し組織化する

リズムは、経験の形成に参与する力（energies）を結集し組織化する。[26]作品を構成する要素は、同種類の要素とリズミカルな関係を結ぶとき、それらの要素に備わる力は結集され組織化される。それは、「例えば絵画の場合は、線と線、色彩と色彩、空間と空間、照明と明暗等においてリズミカルな関係を結び（中略）、そして、すべてこれらの要素が変形（variations）として互いに強化し合い、こうして複合的統合的な経験（一つの経験、美的経験）を築き上げるときである。このように、芸術的経験においては、リズムの働きによって部分と全体との間に相互浸透が行われ（中略）、事物が芸術品となる。[27]」（ ）内、筆者補足。

d　リズムは、芸術的経験における強さ（intensity）と広さ（extensity）との関係を作る

芸術的経験において、強さと広さとの関係及びこの両者との間に緊張の関係を作るのがリズムである。また、芸術的経験においてリズムは、圧縮と発散とを交互に起こさせなければリズムは生まれない。[28]例えば、絵画においては、リズムは、寒色と暖色、補色、明暗、上下、前後、左右などは、均衡に復するような種類の対立を画面の中で形成する手段である。こういった過程で表現における強さと広さが生み出されるのである。[29]

以上、デューイによると形式の生成におけるリズムの役割は、a反復の力で過去の同質の経験を糾合する、b経験において部分を全体の関連性へと進展させる、c要素に備わる力を結集し組織化する、d経験における強さと広さの関係を作る、といったことにあると述べている。

四　芸術表現における実体（内容）の生成

第三に明らかにしたいことは、芸術表現の内容となる「実体」の生成についてでる。先の研究の目的と方法のところで述べたように芸術表現に共通に見られる実体は、①媒介（medium）、②包括的な質的全一体（an inclusive qualitative whole）、③時間と空間（space-time）である。これらによって芸術の実体（substance）が組織化される。ここでは、芸術共通の実体としての内容とこれらが表現内容として生成される過程について見てみる。

(一)　媒介について

まず、媒介について、媒介の意味をデューイは次のように捉える。媒介は仲介者を意味する。[30] 絵画においては、色彩が鑑賞者との仲介者となる。そして、媒介は、結果に合体している手段[31]となる。例えば、色彩が即ち絵画となり音が即ち音楽となる。このように、芸術作品においては手段となる色彩が絵画という作品と一致するものになっている。デューイは、芸術的経験においては、手段となる色彩と目的となる絵画とが互いに外的である場合は、美的でない（non-esthetic）と言っている。[32] 以上に述べたように諸芸術には、共通に媒介が備わる。

そして、この媒介の働きによって芸術の表現内容となる質的全体を伝える。絵画の場合は、色彩が媒介となり、音楽の場合は、音が媒介となる。しかし、色彩は絵画の経験だけを音は音楽の経験だけを伝えるのではない。運動、触覚、音響等の五感で感じたものを含めこれまでのあらゆる経験を例えば、絵画は媒介となる色彩を通して独力で伝え

るのである。(33)

(二)　実体としての質的全一体

芸術の表現内容は、質である。この芸術の表現内容となる質を形式の生成によって統一し、それを音楽は音で、絵画は色彩という媒介で伝える。そこで、デューイは、芸術共通に形式が認められるということは、その内容にも同様の共通性があると捉えるのである。その共通性とは、例えば、絵画や音楽表現に見られる「どっしりした感じ」というような「質的全一体」である。この芸術共通に見られる「質的全一体」は、形象やデザインの働きによって表現の諸要素が配列され整えられて形式を持つとき生成される。

芸術は、形象、デザインの形式の機能によって素材に備わる質的内容が統一され、表現内容としての質的全一体が実体として形造られるのである。

(三)　実体としての時間と空間

次に、デューイは、芸術作品の内容の中には、時間と空間という質的内容が共通に見られると言う。デューイは、言う。「科学は、質的時間と空間を取り上げて、これを方程式の中にはいりうるような関係に還元するが、それと同様に芸術も、この時間と空間をして、あらゆる事物の実体そのもののもつ高い価値として、独特な意味深いものにする。(34)」

芸術によって共通に表現される質は、時間的質と空間的質である。つまり、デューイによると、あらゆる芸術作品には、時間と空間の質が含まれていると言うのである。この時間と空間は個別に存在するのではなく、時間には空間的体積が、空間の中には時間と運動が含まれるという意味である。

一般に造形芸術は空間芸術として、音楽は時間芸術として分類される。しかし、造形芸術は、色彩プラス空間を持って、空間的様相を強調し、音楽は、音プラス時間を持って時間的質を強調しているため、共通的実体内で強調点が異なるだけであるとデューイはみる。[35]従って、造形芸術の中に空間的質だけでなく、推移や運動性といった時間的要素も感じ取られ、音楽の旋律などの時間的流れの中に空間的な広がりを見い出すことができるのである。その例として、デューイは時間芸術としてはベートーベンの『第1交響曲』第1楽章の冒頭を、そして、造形芸術としてはセザンヌの『トランプをする人』をあげている。[36]

(四) 芸術共通の実体における強調点の違い

芸術には、共通に時間と空間が表現されているといっても、それの媒介が異なっても表現内容は同じかというとそういうことにはならない。この点について、デューイは次のように述べている。「造形芸術の強調するのは変化の空間的様相であり、音楽や文芸などの強調するのは時間的状相である。とはいえ、この差異は共通的実体内のもので、ただその強調する個所が違うというだけである。或る芸術が積極的に開発している側面を、他の芸術もそれぞれもってはいる。しかし、背景としてそれをもっているのである。[37]」芸術共通の実体は、時間と空間という質的内容である。つまり、音楽作品は音楽プラス時間をもって質的時間を表現するが、この場合の音楽プラス時間は、空間的質をも背景に備えているというのがデューイの見解である。

そこで、この芸術共通の実体と見られる時間と空間の質的内容について、空間軸と時間軸の視点からデューイの言説を整理すると、次の表1に示すようになる。（表は、デューイの言説を筆者が整理したものである。）

表1．時間と空間の質的内容

時間軸	空間軸	
推移 transition	広大さ spaciousness	余地 room
持久性 endurance	空間性 spatiality	広がり extent
日時 date	配置 spacing	位置 position

これらの時間と空間の各々の質的内容の特性は、「経験においてはこれらの特性は単一な結果の中で互いに特色づけ合っており、通常他を圧して優位を保っている」[38]のである。この考え方は、次のような事例で理解されよう。例えば、江戸時代の参勤交代の侍の行列を描いた歌麿の「駿河路の大名行列」を見ると、そこには様々な人物の姿とその配置、山や木々からなる背景などから、余地、広がり、位置、広大さ、空間性、配置といった空間的質をわれわれは経験するが、一方、そこには人物の配置等から推移、持久性、日時といった時間的性質をもわれわれに経験させるものがある。

また、例えば武満徹の管弦楽の作品「ノヴェンバー・ステップス」は、西洋の楽器による管弦楽と日本の楽器である琵琶と尺八によって競演する内容である。この音楽には作者の武満も「洋楽の音は水平に歩行する。だが、尺八の音は垂直に樹のように起る」[39]と述べているように、西洋の楽器と日本の楽器によって時間的側面だけでなく空間的側面をも意図的に表現されていると言えよう。つまり、西洋の楽器では音色、リズム、旋律、音の重なり等によって時間的質を強調し表現しているが、これに対し日本の楽器では、同じく音色、リズム、旋律、音の重なり等によって時間的質だけでなく空間的質として余地・広がり・位置などをも表現している。いや、むしろ日本の楽器では音の響きが空間的広がりをつくっているところに特色が表れている。この作品は、西洋の楽器とその音楽様式によって時間的質を強調し表現し、日本の楽器とその音楽様式によって空間的質を強調し表現することで、西洋人の音楽への感性と日本人の音楽への感性を一つの作品の中で見事に融合させ独創的な独自の質的内容の表現をつくっている。

このように、芸術作品には、時間と空間の質が互いに影響し合って表現内容として質的全一体が表現されている、というのがデューイの見解である。

五　まとめ

本章の目的は、デューイの芸術論を通して次の諸点を解明することであった。すなわち、第一に芸術表現における「形式」の概念とその意味を明らかにすること、第二に芸術表現における「形式」の生成について、リズムとの関連から明らかにすること、第三に芸術表現において「内容」となる「実体」の生成について明らかにすることであった。それらをまとめると、次のようになる。

第一の芸術表現における「形式」の概念と意味については、次のようになる。デューイは、芸術の形式は形象やデザインと同義とみなし、芸術表現においてはこの形式は経験を「一つの経験」として完成させる力になると捉えている。そして、芸術の形式は、素材の排列において、それを特定の目的に限定するのではなく、「一つの経験」として完成させる時に生成されると捉えている。

第二の芸術表現における形式の生成とリズムとの関連については、次のようになる。芸術的経験においては、素材を組織してそれが芸術の実体となり、またそれが形式となる。芸術作品においては、実体と形式は一体となっている。そこで、芸術的経験において、形式の生成原理は、次のように描かれる。すなわち、発展的経験の中で経験の内容が統一された全体を形成しているとき、そこに自ずと形式が備わるものとなる。また、形式の生成は、あらゆる経験が「一つの経験」として完結するための条件となる。言いかえると、経験が「一つの経験」になるとき、常にそこには形式が具わるものとなる。

それと、形式の生成には、リズムが大きな役割をする。リズムは、a反復の力で過去の同質の経験を糾合する、b経験において部分を全体の関連性へと進展させる、c要素に備わる力を結集し組織化する、d経験における強さと広さの関係を作る、といった役割を持つ。芸術的経験において、形式が生成されるとき、それは形式と実体とが一体となり質的統一を帯びたものとなり、また、美的となるのである。

第三の芸術表現の内容となる「実体」の生成については、次のようになる。あらゆる芸術的経験の中で形式が生成されると、そこには、芸術共通の実体が備わる。それが媒介であり、質的全一体であり、時間と空間である。言い換えると、芸術的経験は、個々の芸術固有の素材との相互作用の過程で、形象やデザインの機能によって素材に備わる感覚的質が「一つの経験」に融合されたときに、そこの媒介が形式となり、時間と空間の質的内容を組み込んだ質的全一体が実体（内容）として生成されるというのがデューイの考え方である。

注

（1）拙稿「デューイ芸術経験論にみる表現内容としての『性質』（quality）の捉え方についての一考察」『日本デューイ学会紀要』第四三号、二〇〇二年、一一三頁。（本書、第三章に収録）

（2）胡　豊四「芸術と教育」『日本デューイ学会紀要』第八号、一九六七年。

（3）J.Dewey, *Art as Experience*, 1958（1934）, Capricorn Books, p.137. 鈴木康司訳『芸術論―経験としての芸術―』春秋社、一九六九年、一四九頁。

（4）*ibid*., p.114. 鈴木訳、一二四頁。

（5）*ibid*., p.114. 鈴木訳、一二四頁。

（6）*ibid*., pp.114-115. 鈴木訳、一二五頁。

（7）*ibid*., p.115. 鈴木訳、一二五頁。

（8）*ibid*., p.116. 鈴木訳、一二六頁。

（9）*ibid*., p.116. 鈴木訳、一二六頁。

（10）*ibid*., p.116. 鈴木訳、一二六頁。

（11）*ibid*., p.116. 鈴木訳、一二七頁。

（12）*ibid*., p.116. 鈴木訳、一二七頁。

（13）*ibid*., p.116. 鈴木訳、一二七頁。

（14）*ibid*., p.146. 鈴木訳、一六〇頁。

（15）*ibid*., p.147. 鈴木訳、一四七-一四八頁。

（16）*ibid*., p.136. 鈴木訳、一四八-一四九頁。

（17）*ibid.*, p.136. 鈴木訳、一四九頁。
（18）*ibid.*, p.136. 鈴木訳、一四九頁。
（19）*ibid.*, p.137. 鈴木訳、一四九頁。
（20）*ibid.*, p.154. 鈴木訳、一六八頁。
（21）*ibid.*, p.148. 鈴木訳、一六一－一六二頁。
（22）*ibid.*, p.162. 鈴木訳、一七六頁。
（23）*ibid.*, p.155. 鈴木訳、一六九頁。
（24）*ibid.*, p.156. 鈴木訳、一七〇頁。
（25）*ibid.*, p.166. 鈴木訳、一八〇－一八一頁。
（26）*ibid.*, p.171. 鈴木訳、一八六頁。
（27）*ibid.*, p.171. 鈴木訳、一八六頁。
（28）*ibid.*, p.179. 鈴木訳、一九五頁。
（29）*ibid.*, p.179. 鈴木訳、一九五頁。
（30）*ibid.*, p.197. 鈴木訳、二一五頁。
（31）*ibid.*, p.197. 鈴木訳、二一六頁。
（32）*ibid.*, p.198. 鈴木訳、二一六頁。
（33）*ibid.*, pp.195-196. 鈴木訳、二一四頁。
（34）*ibid.*, p.207. 鈴木訳、二二七頁。
（35）*ibid.*, p.208. 鈴木訳、二二八頁。

（36） *ibid.* p.208. 鈴木訳、二二八頁。筆者は、拙稿においてこのベートーベンの『第1交響曲』第1楽章の冒頭と、そして、造形芸術としてのセザンヌの『トランプをする人』を事例として取り上げ分析し、この音楽と絵画という異なる芸術に共通に時間の性質と空間の性質がどのように表現されているかを実践事例として捉え考察している。（「第二章　芸術的経験論における表現内容としての『質』（quality）」）
（37） *ibid.* p.208. 鈴木訳、二二八頁。
（38） *ibid.* p.209. 鈴木訳、二二九頁。
（39） 武満徹『音、沈黙と測りあえるほどに』岩波書店、一九七一年、五六頁。

参考文献

（1） 松下晴彦「デューイ思想の再形成—デューイの『形式』概念の再考を中心に—」杉浦宏編『現代デューイ思想の再評価』世界思想社、二〇〇三年。

第六章　芸術的経験論における想像力（imagination）の働き

一　研究の目的と方法

芸術の創造的表現においては、想像力の働きが大きな役割をすると言われる。デューイは、芸術的経験において、想像力の働きをどのように捉えているのか。デューイは、芸術的経験において、経験が一つの経験になるには、想像力によって過去の経験と新しい経験との意識的調整が伴っていなければならず、そういった意味で制作・鑑賞といった美的経験は想像的（imaginative）な経験であると述べている。[1]

デューイの自然主義的経験論における想像力の働きに関する先行研究には、次のものがある。上寺久雄は、デューイ教育学の構築を論じるに当たり、「質的経験―完全な経験」の具備すべき内容として「全一的統合性、継続性、想像性」を挙げ、「想像性」を完全な一つの経験成立の条件として捉えている。[2] 杉浦美朗は、デューイの *A Common Faith*. 1934、*How we Think*. 1919、*Art as Experience*. 1934、を基にし、「imagination は過去―現在―未来を連続せしめる働き[3]」をすると捉えている。立山善康は、デューイの *A Common Faith*. 1934、*Art as Experience*. 1934、を基にし、imagination の働きを次のように捉えている。想像力は、①現前するものと可能性のものとを、②認知的なものと情動的なものとを、③過去に得られた意味と現在の事態とを結合する働きがあり、さらに、④われわれの個別的な経験においてそれを超えた実在の世界が存在することを開示するとともに、また、こうした部分的な経験の意味を包括的な全体という脈絡のなかで位置づける働きがあるとし、[4]想像力の働きをデューイの自然主義的経験論の立場から総合的に捉えている。

早川操は、想像力の働きについて、経験を一つの経験（美的経験）として成立させるとき、経験の様々な要素（古いものと新しいもの、自我と対象、個と一般）を融合させる機能があり、その意味で美的経験は想像的でもあると捉えている。[5]小島律子は、まず、デューイの教育方法としてのイマジネーションの機能を、直接的経験と間接的経験とをつないで意味生成を行い、実感や感得を伴った理解を成立させるものとして捉え、この理論から理科の授業実践を分析し、授業においてイマジネーションの働く要因として操作、観察、発見、困惑、推察を見いだすことができると述べている。[6]以上の先行研究は、デューイ芸術的経験論における想像力の働きについて、概念的に捉えたものと教育方法として理科の授業実践から考察したものである。

本章の目的は、デューイの芸術的経験論における想像力の働きを明らかにし、その上で音楽や美術の芸術教育において子どもの想像力を育成するための視点を導き出すことである。研究方法は、デューイの『経験としての芸術』（*Art as Experience*. 1934）の「第一二章　哲学に対する挑戦」[7]を中心に取り上げ、まず、デューイの芸術論の立場から代表的な芸術理論を批判的に論及している内容を整理し、次にこのことを通して、デューイが芸術的経験論において想像力の働きをどう捉えているかを明らかにする。

二　芸術理論（哲学）に対する批判

デューイは、「第一二章　哲学に対する挑戦」のところで、芸術理論（哲学）の諸説を類型化（芸術虚構説、芸術遊戯説、芸術再現説、芸術模倣説）し、彼の芸術的経験論の立場から批判している。また、その前に「第四章　表現活動」においても「自己表現説」を取り上げ、同様に彼の芸術的経験論の立場から批判している。ここでは、これらの諸説とそれへの批判を次の順序で取り上げる。A自己表現説、B主体と客体を分離した理論①芸術虚構説と②芸術遊戯説（以下B①芸術虚構説、B②芸術遊戯説と記す。）、C芸術再現説、D芸術模倣説。

Ａ　自己表現説、この説は、自己露出（self-exposure）の活動と言った方がよく、「生来の衝動性や習慣的な衝動性のなすがままになることによって、表現が成り立つ」という考え方である。[8] デューイは、この理論の誤りは、外界に素材を求め、それに秩序を与え、衝動性や感情を間接的に費やすことをしていないところにあると言う。つまり、表現の成立には、第一に、衝動性や感情などの内より外へ促すものが必要だが、この湧き出るものを直接的に露出するのではなく、外界に素材を求め、これを抵抗として間接的に費やすことが必要である。第二に、衝動性や感情などの湧き出るものは、抵抗となる素材に遭遇することで、それに先だつ諸経験の価値をその中に取り入れ、それによって明白にされ秩序づけられることが必要であると述べている。[9]

以上からデューイは、真の表現活動は、外部と内部の両側面の変化が条件となると次のように言う。「芸術作品に形成される物的素材は誰でも知っているように、変化を受けなければならない。大理石はこれを削らなければならず、絵の具はカンバスにぬらねばならない、また、言葉は組み合わせなければならない。しかし、同様な変化が『内部』の素材、即ち心像・観察・記憶・感情の側にも行われるということは一般にさほど知られていない。この内部素材もしだいに作り直される、つまり、この素材もまた処理されねばならない。この変化が真の表現活動を築き上げる」[10]のである。つまり、衝動性や感情などをそのまま表出するのではなく、外部素材に働きかけこれを変化させ、また、この過程で内部素材となる心像・観察・記憶・感情も変化を受けるというように、外部素材と内部素材が有機的に結びつき、両者が変化することで、表現が成立するというのがデューイの芸術論の主張ある。[11]自己表現説は、衝動性や感情を外部素材によってこれを間接的に消費することで外部素材と内部素材を変化（生成）させることをしていないという理論であり、ここに誤りがあるとデューイは見る。

B①芸術虚構説、この説は、芸術は作者のイマジネーションによって、人物、出来事、場面等を現実であるかのように組み立てるものというものである。例えば、マチスの『生のよろこび』に描かれている場面は、かつて一度も現実に起こったことがない虚構の表現であるということ等である。デューイは、この理論の誤りは、経験を成立させる一要素（イマジネーション）だけを取り出し、同時に不可欠である他の要素を否定するところにあると言う。[12]

芸術作品のための素材は、それがどれほどイマジナティブであっても、秩序づけられ組織化されなければ、幻想の状態から芸術作品の内容となることはできない。そして、この幻想から芸術作品への変化は目的が素材の選択と展開をコントロールするときのみ、おこりうる。従って、この芸術虚構説は、芸術の本質である客観的な素材（外部素材）と主体的な制作活動、即ち内部素材との結合をあからさまに否定するか、事実上無視するかのどちらかである、とデューイは批判する。

B②芸術遊戯説、この説は、芸術は遊びであるというものである。この説の根拠は、「美的経験は、［現実］のプレッシャーからの開放と逃避であるという考えである。[13]」つまり、生き物は過剰なエネルギーを持つ。この過剰なエネルギーのはけ口を求める。そこに遊びが存在する。芸術もこの過剰なエネルギーのはけ口となる遊びであるという説である。

デューイは、この理論の誤りは、「美的経験が客観的な素材を確実に加工するという事実を看過したことにある[14]」と言う。この加工は、造形芸術だけでなく、ダンス（身体を媒介として五体を変化させ表現をつくる。）や歌唱（音を媒介として音色・旋律・リズム・音の重なり等を変化させ表現をつくる。）といった芸術の特質でもある。[15]（（　）内は筆者補足）従って、デューイによると芸術的経験においては、遊びの態度を芸術制作の目的に役立つように物的素材を変えようとする興味に変化させ、外部素材を変化させることが求められる。この遊戯説はこの点が見落とされていると言うのである。

そして、このBの説に類型化した芸術理論、①芸術虚構説と②芸術遊戯説は、どちらも主体を客体から分離し孤立させる哲学の典型であると言う。つまり、B①芸術虚構説は、イマジネーションによって素材を秩序づけ組織することを、B②芸術遊戯説は、外部素材を変化させるということを無視しており、主体と客体との相互作用による芸術論とは異なる理論だと言う。[16]

C　芸術再現説、この理論は、芸術は、潜在的可能性としての形相（本質）を扱うという説である。「絵画の役割は『事物の一般的形（forms）を表示すること』である[17]」と主張するジョシュア・レノルズ卿のものはこれに当たる。デューイは、この理論の欠陥は、「芸術作品の内容をもっぱら客観的な対象と同一視することにある[18]」と言い、客観的素材が芸術の内容となるためには、作家個人の経験との交流のなかで制作されなければならないと批判する。[19]

先のジョシュア・レノルズ卿の「絵画の役割は『事物の一般的形（forms）を表示すること』である」という説には、次のような考え方がある。「どのクラス（種類）の事物にも一つの共通した観念（ideas）と中心的な形があり、そしてそれはクラスに属する多様な形を抽象したものだから」[20]と。そして、この一般的な形はあらかじめ自然のなかに存在しているもので、これこそまさに自然が自分じしんを裏切らないときの自然なのである。絵画では、この一般的な形が再現される、という説である。

デューイは、この芸術再現説の欠陥を次のように指摘する。この説の欠陥は、「芸術作品の内容をもっぱら客観的な対象と同一視することにある。じっさいには、客観的な素材が芸術の内容となるためには、それが作家個人―あらゆる特色ある気質・独特なものの観方このユニークな経験をもった作家個人によって為し・為されるもの（制作）とのかかわりに参入するなかで、変形されなければならないのである。ところが再現説はこの事実を看過している」[21]と。

D　芸術模倣説、この説は、「すべての事物に内在する美―自然美であれ芸術美であれ―の働きは、われわれを感覚界ないし現象界から越えたなにものかに導くことである」[22]という説である。つまり、この説の目的は、「われわれを芸術から遠ざけて、純粋に理性的な本質（イデア）の知覚へと教え導くことにある。」プラトンの思想は、これに該当する。すなわち、感覚から一段いちだん上の方へ導いていくハシゴがある。そのハシゴは、最下段は感覚的事物の美であり、道徳的に危険なこの段階からわれわれを精神の美に登るよう求める。それが、法律と制度の美で、次が学問の美で、最後が絶対美の直覚知（intuitive knowledge）である。このハシゴは、一方通行で、最高美、つまり絶対美から最下段の感覚的美の経験に戻る道はない、という思想である」[23]。デューイは、この理論の欠陥は、第一は、人間の感覚を軽視するところにあり、第二は、本質（essence）という語が極めて曖昧であるところにあると言う[24]。芸術的経験における本質の目的は、経験を一つの経験として形成することになければならない。しかし、この芸術模倣説は、「芸術は既に存在している本質に依存し、それに根拠を求めなければならないと主張する。これは、原因と結果を取り違えたまったくあべこべの主張である」(25)とデューイは批判する。

以上のデューイが彼の芸術的経験論の観点から批判する芸術理論の四タイプの特徴と批判点を整理すると次の表2のようになる。

表2．芸術理論の特徴と批判点

芸術理論	特徴	批判点
A　自己表現説	内部の衝動・感情等をそのまま外に露出することで表現が成立	外的素材を求め、これを形作り、内部の素材（心像・記憶・感情）を作り変えることを無視している。
B ①芸術虚構説 ②芸術遊戯説	①芸術は作者のイマジネーションによって人物・出来事が現実であるかのように組織するもの ②芸術は生物の過剰なエネルギーのはけ口としての遊び	①イマジネーションによって外的素材を組織することを否定している。 ②外的素材を変化させ構成することを無視している。
C　芸術再現説	芸術は事物の潜在的可能性としての形相（本質）を扱うもの	作品の内容を客観的対象と同一視。客観的素材が内容となるには、作者の経験によって素材を変形することが必要で、この点を無視している。
D　芸術模倣説	芸術は感覚界から純粋に理性的な本質（イデア）への世界へと導くもの	人間の感覚を軽視しているし、また、本質（イデア）という語が曖昧である。（芸術における本質の目的は経験を一つの経験として形成することにある。）

以上のようにデューイは、彼の芸術的経験論の立場から四タイプの芸術理論を批判している。すなわち、デューイは、芸術的経験は、有機体が自然と相互作用する一次的経験としての日常経験に発端があり、自然との関わりにおいて不安・疑問に伴う有機体の衝動・感情を直接発散するのではなく外部素材を通して構成し、同時に内部素材（心像・記憶・感情）を生成し、自然と有機体の精神が融合することによって芸術的経験が成立するという考えである。これに対し、以上の芸術理論の諸説は、いずれも一部の経験の要素によって美的経験を説明するものになっていると言う。すなわち、A自己表現説は、内部の感情等をそのまま外に表出することで表現が成立するとしている。B①芸術虚構説は、作者のイマジネーションで表したものが現実であるとみている。B②芸術遊戯説は、芸術は生物としてのエネルギーのはけ口とみている。C芸術再現説は、芸術は事物の潜在的可能性としての形相（本質）を扱うものとみている。D芸術模倣説は、芸術は感覚界から純粋に理性的な本質（イデア）への世界へと導くものとみている。また、既述したように想像力そのものについても他のあらゆる要素を融合するものとしてではなく、個別の能力とみなしているとデューイは批判する。では、芸術的経験（美的経験）において想像力は、どのような働きをするのか。

三　芸術的経験論における想像力の働き

デューイは、『経験としての芸術』の中で、「想像力」の働きについて、能力の中でも部分の能力ではなく、経験の諸要素を溶かし一つにする機能をもつと捉えている。[26] この「想像力」の「経験の諸要素を溶かし一つにする機能」について、デューイは、彼の経験の原理となる「経験の連続性」の観点と「経験の相互作用」の観点[27]から述べているのではないかと思われる。まず、想像性を経験の連続性の観点から述べていると思われる言説には、次のものがある。ア、「過去の経験から得た意味が現在の相互作用に到達する唯一の道が想像である。或は、むしろ、先に述べたように、新しいものと旧いものとの意識的調整が即ち想像である。[28]」イ、「想像（imagination）の正しい機能は、現実および、現在の感覚的知覚の条件の下においては展開され得ないところの可能性を視野に置くことである。遠いもの・欠けているもの・曖昧なものへの明快な洞察が想像の目的である。[29]」

以上のア、イ、のデューイの想像力についての言説は、経験の連続性の観点から捉えており、想像性の働きを経験の新旧の調整、可能性を視野に現在の感覚的知覚の条件の下で欠けているもの・曖昧なものを洞察すること、といった点から述べている。つまり、経験の連続性の点からみると、想像力の働きは経験の過去・現在・未来を連続せしめ新たな可能性を洞察するものと捉えていると言える。

次に想像力を経験の相互作用の観点から述べた言説には、次のものがある。ウ、「コールリッジは芸術における想像の働きを表すのに、『合一的 esemplastic』（コールリッジの造語）という言葉を用いた。（中略）彼はこの言葉によって、日常の経験でいかに雑多な要素であろうとも、この要素をことごとく融合して完全に統一した新たな経験とするその働きを言おうとしたのである。[30]」エ、コールリッジは、「感覚的質や感情や意味などのさまざまな素材が相寄り集まって一個の統一体としてこの世に新たに生まれた統一体となるときそこに想像的経験が行われる[31]」と言っているのである。

以上のウ、エ、のデューイの想像力の働きについての言説は、想像力の働きをさまざまな外部要素（感覚的質）と内部要素（感情・意味など）を融合・統一し新たな経験にする働きをするといった点から述べていると言える。言い換えると想像力の働きは、経験における相互作用において外部要素と内部要素のさまざまな要素を融合し統一し新たな経験にするものと捉えていると言えよう。

以上から、デューイの言う想像力の働きを纏めると次のようになる。

①経験の連続性の観点からは、想像力の働きを経験の過去・現在・未来を連続させ、また、現前する事物と想像的にのみ知られる理想とを結合する。

②経験の相互作用の観点からは、感覚的質・感情・意味などの経験の外部要素と内部要素を融合・統一して、新たな経験にする。

これらのデューイが主張する想像力の①②の働きについては、芸術的経験に即して述べた次の言説によって集約されている。「経験としての芸術においては、現実と可能性ないし理想・新と旧・客体的素材と個人的反応・個と普遍・表面と深層・感覚と意味といった相反するものが、一つの経験に統合される。[32]」このとき「想像的ヴィジョン（imaginative vision）は、芸術作品の内容を構成するすべての要素を一つに統一する力[33]」として働くのである。

以上から、デューイの芸術的経験における想像力の働きは、経験の連続性と経験の相互作用の側面から経験における多様な様相を統一し理想としての経験を創るものと言えよう。芸術的経験においては、想像力の働きによって現在の経験と可能性としての理想とが、また、感覚的質を伴う外部素材と感情・意味など認知的内容を含んだ内部素材とが一つの経験に統合される。このように想像力によって個別的・部分的経験は全体的に統一されるだけでなく、理想としての経験として統一・統合される。従って、このような経験は、デューイの芸術的経験論によると「一つの経験」、言い換えると「美的経験」と言え、日常の経験が想像力の働きによって再構成され、成長した経験に至るものとみなされる。では、このように芸術的経験における想像力の働きを捉えると、芸術教育において子どもの想像力を育成する方法はどのような方法になるのだろうか。

四　芸術教育における想像力育成の原理

筆者は、デューイの「一元論」哲学から芸術教育の原理として、「生成の原理」(the principle of generation) を導出した[34]。この芸術教育としての「生成の原理」は、芸術的経験によって外部世界に作品を生成し、その過程で内部世界を生成するというものである。この「生成の原理」による音楽教育の方法は、次のようになる。表現活動は、学習者と外部世界の音や音楽との相互作用の中で、音色・リズム・旋律等の音楽の要素を構成することで外部世界に音楽を生成し、その過程で内部世界の感情・イメージ・意志・知性等の経験を生成するという方法となる。鑑賞活動は、学習者と外部世界の音楽との相互作用の中で、作品としての音楽の音色・リズム・旋律等の音楽の要素とそれらの要素の働きから生まれる音楽の曲想や特質を知覚・感受したことを基に、その音楽の特徴と良さを他の人に伝わるような批評文を外部世界に作り(生成)、この過程で内部世界の感情・イメージ・意志・知性等の経験を生成するという方法となる。この「生成の原理」による音楽教育の考え方によって、想像力を育成する方法を表現と鑑賞で示してみる。(表現と鑑賞の活動における経験の連続性と相互作用の観点は分けて示しているが、実際には同時に展開される。)

㈠　表現活動での想像力育成方法

表現（創作）活動において想像力を育成する方法を経験の連続性と相互作用の観点から示す。①経験の連続性の観点、すなわち、想像力によって、経験の過去・現在・未来を連続させ表現を形成することについては次のようになる。ア、経験の未来としては、これまでの様々な経験を基に音楽表現のイメージをもつことをする。（例：表現として「秋祭りの風景」をイメージする。）イ、経験の現在としては、表現のイメージを具体的な構成をデザインし示すことをする。（例：「秋祭りの風景」を三部形式のａｂａと他の音楽の要素で構成する。）ウ、経験の過去としては、表現のイメージと具体的な構成のデザインを支える過去の経験（例：ａｂａ形式の生活経験として、学校の帰り路で「a道があり、b橋を渡り、またa道がある。」）や関連する作品（例：ａｂａ形式の歌唱曲「きらきら星」）を想起することをする。次に②経験の相互作用の観点、すなわち、想像力によって外部要素と内部要素とを融合・統一することについては次のようになる。ア、外部要素となる音楽の要素に伴う感覚的質を基に、イ、内部要素となる音楽の要素やそれに伴う感覚的質への知覚・感受、表現のイメージや感情をもって、それを表現の具体的な構成の条件のなかで表現を生成することをする。そして、このような外部要素と内部要素の相互作用によって表現を生成する過程で、イメージや感情の内的要素を再構成（生成）するという方法になる。

㈡　鑑賞活動での想像力育成方法

鑑賞活動において想像力を育成する方法を経験の連続性と相互作用の観点から示す。①経験の連続性の観点、すなわち、経験の過去・現在・未来を連続させることについては次のようになる。ア、経験の未来としては、鑑賞作品を聴き、直感的に音楽の特質を感受したりイメージをもったりすることをする。（例：「運命」第1楽章の第1主題は「激しい感じ」第2主題は「田園の風景の感じ」と感受する。）イ、経験の現在としては、鑑賞する音楽作品の構成がどのようになっているか、音楽の要素とその組織化の側面から分析的に捉えることをする。（例：「運命」第1楽章の旋律は、第1主題は「音が重なるように」なっているのに対し第2主題は「受け渡すように」なっている。）ウ、経験の過去としては、表現の特質への感受やイメージと鑑賞作品の構成から想像される過去の音楽経験（例：音楽への様々なイメージをもつことや声や楽器による音楽経験）や音楽作品を想起（例：「運命」第1楽章の第1主題からメンデルスゾーンの「結婚行進曲」を想起する。）することをする。次に②経験の相互作用の観点、すなわち、外部要素と内部要素とを融合・統一することについては次のようになる。ア、外部要素となる作品の構成要素（音色・リズム・旋律・テクスチュア・構成・強弱・速度等）とそれらの組織化への知覚と感受をもとに、イ、内部要素となるその音楽の要素や組織への知覚・感受やイメージや感情をもって、また、過去の音楽経験や他の作品を想起しながら批評文を作る（生成）こととなる。そして、このような過程でイメージや感情の内的要素を再構成（生成）するという方法になる。

五　結　論

本章の目的は、デューイの芸術的経験論における想像力の働きを明らかにし、音楽や美術の芸術教育において子どもの想像力を育成するための視点を導き出すことであった。そこでまず、デューイが自らの芸術的経験論の立場から代表的な芸術理論を批判的に論及している内容を整理し、このことを通して、デューイが芸術的経験において想像力の働きをどう捉えているかを明らかにした。A自己表現説、B①芸術虚構説、②芸術遊戯説、C芸術再現説、D芸術模倣説の芸術理論の諸説は、いずれも一部の経験の要素によって芸術的経験を説明するものになっており、また、想像力そのものについても他のあらゆる要素を融合するものとしてではなく、別個の能力とみなしているとデューイは批判していた。

次に想像力の働きについては、①経験の連続性の観点からは、経験の過去・現在・未来を連続させ、また、現前する事物と想像的にのみ知られる理想とを結合し、②経験の相互作用の観点からは、感覚的質・感情・意味などの経験の外的要素と内的要素を融合・統一して、新たな経験にするものとして捉えていると言える。

このような芸術的経験における想像力の働きの理論から、芸術教育において子どもの想像力を育成する方法はどのようになるのか、音楽表現によって例示すると次のようになる。音楽表現の授業の中で、音や音楽との相互作用で喚起される衝動性・感情・イメージ等の内部素材を音楽の要素となる外部素材によって作品を生成し、それに伴い内部素材を生成することによって、一つの美的経験を得るようにすることである。そのとき、デューイの経験の原理となる経験の連続性の観点と経験の相互作用の観点から子どもの音楽表現の授業場面を設定することをする。

注

（1）J.Dewey., *Art as Experience*, Capricorn Books, 1958（1934）, p.272. 栗田修訳『経験としての芸術』晃洋書房、二〇一〇年、三三九頁。

（2）上寺久雄『現代の教育課題—デューイ教育学の構築—』教育タイムス社、一九六六年、一七五–一八一頁。

（3） 杉浦美朗「イマジネーションについての考察」『日本デューイ学会紀要』第一三号、一九七二年、一二八-一三四頁。「イマジネーションについての考察(2)」『日本デューイ学会紀要』第一四号、一九七三年。五六-六二頁。

（4） 立山善康「デューイ経験論における『創造的想像力（creative imagination）』の機能」『日本デューイ学会紀要』第三一号、一九九〇年、一四-二〇頁。

（5） 早川操『デューイの探究教育哲学―相互成長をめざす人間形成論再考』名古屋大学出版会、一九九四年、一九六頁。

（6） 小島律子「授業実践にみるデューイの教育方法としてのイマジネーションの機能」『日本デューイ学会紀要』第四九号、二〇〇八年、八七-九六頁。

（7） J.Dewey, *Art as Experience*, Capricorn Books, 1958（1934）, pp.227-297. 鈴木康司訳『芸術論―経験としての芸術―』春秋社、一九六九年、三〇〇-三二八頁。

（8） *ibid.*, p.62. 鈴木訳、六七頁。

（9） *ibid.*, p.61. 鈴木訳、六七頁。

（10） *ibid.*, p.74. 鈴木訳、八一頁。

（11） *ibid.*, p.74. 鈴木訳、八一頁。

（12） *ibid.*, p.276. 栗田訳、三四四頁。

（13） *ibid.*, p.279. 栗田訳、三四九頁。

（14） *ibid.*, p.279. 栗田訳、三四九頁。

（15） *ibid.*, p.279. 栗田訳、三四九頁。

（16） *ibid.*, p.283. 栗田訳、三五四頁。

（17） *ibid.*, p.285. 栗田訳、三五六頁。

（18）*ibid.*, p.287. 栗田訳、三五九頁。
（19）*ibid.*, p.287. 栗田訳、三五九頁。
（20）*ibid.*, p.285. 栗田訳、三五六頁。
（21）*ibid.*, p.267. 栗田訳、三五九頁。
（22）*ibid.*, p.291. 栗田訳、三六三頁。
（23）*ibid.*, p.291. 栗田訳、三六三頁。
（24）*ibid.*, p.293. 栗田訳、三六六頁。
（25）*ibid.*, p.294. 栗田訳、三六七頁。
（26）*ibid.*, p.275. 栗田訳、三四三頁。
（27）J.Dewey, *Experience and Education*, The Macmillan Company, 1938, pp.42–44. 原田實訳『経験と教育』、春秋社、一九五六年、三九-四〇頁。
（28）J.Dewey, *Art as Experience*. p.272. 鈴木訳、三〇〇頁。
（29）J・デューイ『思考の方法―いかにわれわれは思考するか―』（植田清次訳）、春秋社、一九七一年、二九九頁。
（30）J.Dewey. *Art as Experience*. p.267. 鈴木訳、二九五頁。
（31）*ibid.*, p.267. 鈴木訳、二九五-二九六頁。
（32）*ibid.*, p.297. 栗田訳、三七〇-三七一頁。
（33）*ibid.*, p.247. 栗田訳、三四二頁。
（34）拙稿「デューイ芸術論の特徴―自然と精神の統一としての芸術的経験―」『日本デューイ学会紀要』第五三号、二〇一二年、九一-九三頁。

第七章　芸術的経験論における「批評」（criticism）の概念

一　研究の目的と方法

中央教育審議会答申「幼稚園、小学校、中学校、高等学校及び特別支援学校の学習指導要領等の改善について」（平成二〇年一月）では、芸術教科で「批評」の方法によって指導することが提言されている。[1]具体的には、音楽科、図画工作・美術科の鑑賞の活動において児童・生徒の感じ取る力や思考する力を一層豊かに育てるために、音楽科では、作品を「根拠をもって自分なりに批評する」こと、図画工作・美術科では、「自分の価値意識をもって批評し合ったりする」ことという内容である。我が国の学校の芸術教育において、「批評」という方法が本格的に取りあげられたことはこれまでなかった。

そこで、第七章では、デューイの芸術論における「批評」の概念を明らかにし、芸術教育の方法としての「批評」について示唆を得ることを目的とする。

研究方法は、J・デューイの『経験としての芸術』（*Art as Experience*, 1934）の「第一三章　批評と認識（知覚）」（XIII. CRITICISM AND PERCEPTION）を中心に取りあげる。我が国において、デューイの芸術論における「批評」の概念についての先行研究は、管見する中では見あたらない。

そこでまず、辞典等から「批評」の定義を取り出してみる。

『広辞苑』(第四版、岩波書店、一九九四年)には、「批評」とは「物事の善悪・美醜・是非などについて評価し論じること」とある。この説明によれば、「批評」とは、道徳上の善悪、芸術作品の美醜等について評価すること、つまり、対象の値打ち・価値を見定めることとなる。

『美学事典』(竹内敏雄編集、一九七〇年)の「芸術批評」の定義には、次のように示されている。「芸術批評は芸術作品に対してなされるなんらかの判断、ことに価値判断であるとされる。すなわちなんらかの規準(criterion)にしたがって芸術作品の良否、長所と短所を判別し、評価を下すものと考えられている(2)」とある。

『美学辞典』(佐々木健一著、一九九五年)の「批評」の定義には、次のように示されている。「批評」とは、「具体的な芸術現象を主題とし、そこに見出される諸々の意味を論じ、もって作家と鑑賞者たちに指針と手がかりを与える活動。批評の論ずる『意味』は、個々の作品の内容や形式的特徴から芸術一般の本質や価値まで多岐にわたる(3)」とある。

以上、辞典等に見る定義によると、芸術に関する「批評」とは、なんらかの規準にしたがって芸術作品の良否、長所と短所を判別・評価し、作家と鑑賞者に指針と手がかりを与える活動、となる。

ではデューイは、芸術論のなかで「批評」の概念をどのように捉えているのか。

二　デューイの「批評」の概念と「批評」に該当しない「批評」

(一) デューイの「批評」の概念

デューイは、この「批評」の概念についても、彼の経験論に即して展開している。すなわち、芸術の「批評」は、人間と環境との相互作用によって人間の経験の中に新たな様式を表現することであると。このデューイの経験論に即して「批評」の概念に関わる要点を取りあげてみる。

○「批評とは観念的にも語源的にも判断（judgment）のことである。[4]」ここでデューイは、批評とは、芸術作品の特質などについて、なんらか判断することである、と述べている。

○「美的批評の問題とするところは美的な事物の知覚（perception）であるから、自然や芸術の批評は常に直接的知覚の性質によって決定される。[5]」デューイは、ここでは、美的批評においては、美的事物の知覚が必要であると述べている。

○「批評は判断である。判断を作り上げる素材は作品であり、対象である。しかし、この作品、対象とは批評家自身の感受性や、知識や過去の経験から得た蓄積などと相互作用し合って、批評家の経験の中にはいってきた作品や対象のことである。[6]」ここでは、批評者が判断するとき、それは批評者の感受性や知識、過去の経験で得たことと作品との相互作用によってなされることを述べている。

○「判断は対象を構成しているもろもろの部分について、もっとはっきりした意識を引き起こさねばならない。そして、どのようにしてこれらの部分が終始関連して全一体を形式しているかを見いださねばならない。こうした機能は学問的には分析と総合という言葉で呼ばれる。[7]」ここでは批評者が、芸術作品を何らか判断するときは、作品の分析と総合によってなされることを述べている。

○「芸術には（測定の標準という意味での）標準（standard）はなく、従って批評にも標準はないが、それにしても、判断には規準（criteria）というものがある。（中略）内容（matter）に対する形式（form）や、芸術における媒介の意味（meaning of medium）や、表現的事物の本性（nature of the expressive object）などに関する議論は、そこになんらかの規準を見いだそうとしてなした私の試みであった。(8)」ここでデューイは、芸術作品を批評家が批評する際は、批評のための標準はないが規準はあると述べ、そして、それはあらゆる芸術に共通に備わる①内容に対する形式、②芸術における媒介の意味、③表現的事物の本性、であり、これが批評の際の規準になることを述べている。（この規準の3つの項目は、①の内容に対する形式に集約される。なぜなら、②の芸術における媒介は、媒介そのものが形式になり、また媒介に備わる意味が内容となる。そして、③の表現的事物の本性は、芸術における内容と同じことを意味していると言えるからである。）

○「批評家は実際そこにある特質（some strain）や要素（strand）を把握して、これをはっきり表示し、こうして読者をして読者自身の経験の中に新たな手がかりと指針を見いだしうるように仕向けねばならないと言うことである。(9)」ここでは、批評家は、批評を通して芸術作品の特質や要素を把握し、それを読者自身の経験において、新たな手がかりと指針になるようにする、ということを述べている。

以上からデューイの「批評」の概念については、次のように整理される。

「芸術共通に備わる形式と内容を判断としての規準にし、批評者の感受性や知識・経験によって芸術作品を知覚し、それの分析と総合を通して作品の特質と要素を把握することでその価値を評価し、読者が経験の中で新たな手がかりと指針を得られるようにすること。」

このデューイ「批評」の概念は、つぎの条件によって成立していると言える。

①芸術作品に対するなんらかの判断があること。

②判断の規準は、芸術共通に備わる形式と内容となること。

③芸術作品を知覚する活動があること。

④作品の分析と総合によって作品の特質と要素を把握し、それを評価すること、つまり、値打ちを見定めること。

⑤評価結果（見定めた値打ち）を読者が経験の中で新たな手がかりと指針を得られるようにすること。

(二)「批評」に該当しない「批評」

こういった「批評」の概念からデューイは、「裁判的批評」（judicial criticism）や「印象主義的批評」（impressionist criticism）は、本来の批評ではないと見る。

「裁判的批評」は、大家の作品を心に刻み、新しい作品を批評するものである。[10] その例として、アメリカの批評家が印象派のマティスやゴッホに下した次のような例を挙げている。

「この批評家はヴァン・ゴッホの『生硬蕪雑な作品（crudities）』を評して、彼は『幾らかすぐれた印象派の画家であるが、たどたどしく、またほとんど美感を有せず、多くのカンバスをつまらない粗雑な絵で反故にした』と語った。[11]」

「マティスは、『技巧を全く重んぜず、表現の媒介に対して感受性をもたず、粗雑な線や色調をもって画面を塗り立てていい気になっている。このように真の芸術のもつ意味を否定するのはひとりよがりの自己満足に陥っている証拠である……。かような作品は芸術ではなく、芸術とは縁のない、くだらないものだ』と決めつけた。[12]」

デューイはこれらの批評は、過去の大家の作品を引き合いに出し、それを標準とし、新しい作品を判断するもので、マティスやゴッホの芸術の新しい運動、すなわち、人間経験の新たな芸術表現ということを判断の対象にせず、過去の実績を判断の標準とし、作品を判断していると言う(13)。

つぎの「印象主義的批評」は、芸術作品が呼び起こす感情（feeling）・心像（imagery）などの反応（response）の叙述をもって判断に代えているものである(14)。デューイは、このような批評は、主観的に走るもので、判断としての批評ではないと言う。なぜなら、「批評」においては、作品から受け取る印象について分析することであり、その場合、印象が基づく根底と印象が帰着する結論とのこの両者の印象を関連させることが必要であり、こうした手続きすることが判断であるからだとデューイは言う(15)。デューイは、芸術に共通に備わる形式と内容を規準とし、それとの関連で作品から受け止める印象も整理し、判断することが批評の本来の姿であるとし、単なる作品への印象のみでは批評に該当しないと見るのである。

三　批評における規準と批評者の批評の方法及び批評と鑑賞の違い、批評の機能

デューイの「批評」の概念は、芸術共通に備わる芸術作品の形式と内容を規準にしその特質を判断し、その評価を読者の経験になるように提供することとなる。ここでは、このような批評活動において中核となる「批評における規準」と「批評者の批評の方法」それに、「批評と鑑賞の違い」と「批評の機能」について取り上げてみる。このような観点から「批評」活動を検討することで、デューイの「批評」の概念がより明確になってくると思われる。

㈠　批評における規準

先に述べたように、デューイは、批評において、批評のための標準（standard）はないが、規準（criteria）はあると言う。それは、次のように「標準」は、対象を量として扱うときの用語で、芸術批評は対象の質を直接扱うからであるという見解からである。

①標準は明記された物理的条件のもとにある特定の物理的存在であって、それは価値ではない。例えば、メートルは、パリに保存してある金属棒のこと。②標準は長さ・重さ・体積とか或る決まったものの単位である。③標準は単位の標準として、事物を量的に規定する。量を測定しうるということは今後の判断に少なからず資するものではあるが、測定するというそのことは判断の様式ではない。標準は万人共通の外的事物であるから、それは物理的に適用される。[16] このように「標準」は、対象を量的に測定し、他のものと比較する際に用いられるものである。

ところが、批評家の判断は、「個性的事物を問題にするのであって外的な規定の尺度によるさまざまな事物の比較を問題にするのではない[17]」ということである。このような批評家の判断は、量的なもので比較しうるものではなく、質的なものに向けられ、それの個性を問題にする。従って、芸術批評においては、測定の標準という意味での標準はなく、芸術を判断する際の「規準」はあるとデューイは見るのである。その規準は、先に述べたように①内容に対する形式　②媒介や意味　③表現的事物の本性である。

デューイは、生物と環境との相互作用の結果が芸術作品の形式と内容として成立し、これが芸術作品に共通に備わるものになると見る。このような芸術表現に関する理論が、デューイの経験としての芸術論の要点である。このような芸術論からデューイは、形式と内容の観点からの分析的判断が、経験としての芸術作品は何であるかを見出しうる指標になると見ているのである。

(二)　批評者の批評の方法

批評は、芸術作品の形式と内容に対する批評者の判断による。その際の方法は、まず、批評者の感受性や知識・経験を基に、作品の分析と総合によってなされる。

デューイの言うこの批評者の作品に対する分析と総合とは、次のようなことである。①判断するには、対象を構成している部分について、はっきりとした意識をもつこと。②どのようにこれらの部分が終始関連して全一体を形成しているかを見いだすこと。③この全体と部分とは切り離すことはできない。分析とは、部分を全体のうちの部分として示すことである。④これらの分析と総合の過程では洞察が伴う(18)。デューイの言うこのような一連の芸術作品に対する分析と総合の手続きは、部分を全体から切りはなして見るのではなく、部分は全体との関連を保ちながら捉えるという意味と理解される。

そして、批評者は、このような芸術作品の分析と総合によって芸術作品の特質と要素を把握し、それをはっきり表示し、読者自身の経験の中に新たな手がかりと指針を見いだしうるようにし向けることをする(19)。

(三)　批評と鑑賞との違い

次に、「批評と鑑賞」の違いについて、デューイの見解を取り上げてみる。

デューイは、「鑑賞（appreciation）」と「批評（criticism）」の違いについて、次のように区別する。「鑑賞は価値（value）に関してなされると言われ、批評は一般に評価（valuation）の作用だと言われる。」[20]「芸術の鑑賞においては、結局われわれは、一編の詩や一場の劇や一幅の絵などの価値を問題とするのである。われわれはその価値を質的関係において質として感ずるのであって、その際価値を価値として範疇づけるのではない。」[21]これに対し、「批評は対象の特性の探究である。」[22]批評は、「対象の客観的特性を問題とする。例えば、絵画について言えば、色彩や配置や量感や、或いはこれら相互の関係を問題とする。要するに、批評は検討である。」[23]このように批評の本来の目的は、芸術作品の客観的特性を掘り起こし、それを評価し読者の経験になるように示すことであり、それを価値として範疇づけることが目的ではない。それと、対象の絶対的価値（いい悪い）を判定しないのは、判定すると個人的経験を局限する働きがあるというのがデューイの見解である。

以上から、批評と鑑賞の違いは、次のように整理される。まず、鑑賞は、価値を問題にするが、しかし、その価値を範疇づけることまではしない。これに対し、批評は、芸術作品の特質がどこにあるかを探し、評価し、それを読者の経験になるように指針を与えることが目的で、作品の価値を範疇づけることまではしないということになる。

(四) 批評の機能

次に「批評の機能」について、デューイは、以上のような「批評」の概念から批評の機能について次のように述べている。「批評の機能は芸術に関する知覚の再教育という点にある。即ち、それはものの見方や聞き方を身につけるという難事業を補助するもである。」[24]批評の機能は、芸術作品に関する知覚能力の再教育にある。学校の芸術教育における「批評」の方法もこの芸術作品に関する知覚能力の育成、即ち、作品の見方や聞き方を身につけるというところに意味を求めるべきであろう。

四　批評の誤謬

次に、「美的批評」活動には、次の二通りの誤謬があると言う。それは、「帰一的誤謬 (reductive fallacy)」と「範疇の混同 (confusion of categories)」である。

「帰一的誤謬」は、幾つかの範疇を一つに帰することである。範疇の混同は、幾つかの範疇を互いに混同することである。

(一)　帰一的誤謬

「帰一的誤謬」について、デューイは、「この誤謬は芸術を構成しているある要素を分離し、次いで作品全体を、この分離された単一な要素に還元すること」[25]であると言う。その例として、デューイは次のようなことを挙げている。[26]

(　) 内は、筆者の解釈である。

①色や音のような感覚的質をもろもろの関係から切り離すこと。(これは、例えば形式と内容から構成される音楽作品において、音色を含むリズム・旋律等の要素に伴う感覚的質を形式と切り離すこと言える。)

②純然たる形式的要素だけを分離すること。(これは、芸術作品においてその形式と内容の中から形式的側面だけを切り離

してしまうことと言える。）

③技巧を形式との関連から切り離して考えること。（これは、芸術作品の形式と内容を完成させる際の技巧を、それらの内容と形式から切り離し、この技巧だけで芸術作品の良否を判断することとなろう。）

④芸術を専ら再現的な価値に還元すること。（これは、例えば音楽は小鳥の囀りや小川のせせらぎ等、自然の再現であるというように、芸術の価値を自然の再現というところのみで決定する、ということとなろう。）

⑤芸術作品の内容を文化的環境（歴史的、政治的、経済的）に還元すること。この例としてデューイは、ベネチア貴族や豪商などの豪奢な生活は、ティッツアーノの絵画を構成している要素であるとして、ティッツアーノの絵を経済的記録に還元するなどを挙げている。これは、ティッツアーノの絵画を芸術作品として評価しないで経済的記録として見ることである。

⑥作品の中に偶然存在している要素を基にして、作品を「説明し」たり「解釈」したりすること。この例として、デューイは精神分析的批評でなされる作者が母思いか、父思いか、あるいは神経過敏な妻に対する気兼ねなどが作品の内容に表れている、といったことで批評することを挙げている。

以上、帰一的誤謬は、作品全体を分離された或る要素に還元することである。

(二) 範疇の誤謬（これは、また、価値の混同でもある。[27]）

「範疇の誤謬」について、デューイはつぎのような例を挙げている。[28]

①例えばギリシャ壺について数学の論文を書くことで壺の評価とする。これは数学的判断と美的判断の混同となる。

②キリスト教などの宗教的な題材による絵画を宗教的価値として評価することは、宗教的価値と美的価値の混同となる。

③「ダンテやミルトンなりが、その作品の中に採り入れた宇宙開びゃく説がもはや科学的支持を失ったために、これらの芸術的性質も損なわれた、こう主張する」こと。これは、科学的価値と芸術的価値の混同となる。

これらの価値の混同は、デューイは同一の根源から生じていると言う。[29] すなわち価値対象となるものの媒介と固有の意義を無視している。つまり、科学・政治・歴史・絵画・詩などの技術（art）は結局、同一の素材を持っている。即ち生物と環境との相互作用によって構成された素材を持っている。表現に用いられる媒介が、それぞれの技術の場合は違うのであって、素材そのものが違うのではない。「科学は支配と予告、力の増大などという目的にかなった媒介を用いる。（中略）芸術の目的は、直接経験そのものを高揚するという点にあるから芸術はこの目的の達成に適した媒介を用いる。[30]」科学と芸術は、それらを人間と環境との相互作用の中で扱うとき素材そのものが違うのではなく、科学は、H_2O 等の記号や数字を媒介に用い、芸術は色彩や音を媒介に用いるように媒介が違うのである。「範疇の混同」即ち価値の混同は、価値の対象となるものの媒介固有の意義を無視したこととなる。これが芸術批評における「範疇の混同」の原因についてのデューイの見解である。

五　まとめ

以上からデューイの「批評」の概念については、次のようにまとめられる。

「批評」とは、芸術共通に備わる形式と内容を判断としての規準にし、批評者の感受性や知識・経験によって芸術作品を知覚し、それの分析と総合を通して作品の特質と要素を把握することでその価値を評価し、読者が経験の中で新たな手がかりと指針を得られるようにすることである。

このような「批評」の概念によると、芸術教育における「批評」活動は、次のような方法が示唆される。

①芸術作品に対するなんらかの判断をする。

②その際の判断の規準は、芸術共通に備わる形式と内容となる。

③判断する前提に芸術作品を知覚する。

④作品の分析と総合によって作品の特質と要素を把握し、それを評価する。つまり、値打ちを見定めることをする。

⑤評価結果（見定めた値打ち）を読者（他者）が経験の中で新たな手がかりと指針を得られるようにする。

そして、このような概念と方法による「芸術批評」の機能は、芸術作品に関する知覚能力の育成、即ち、作品の見方や聞き方を身につけるというところにある。

注

（1）文部科学省中央教育審議会答申「幼稚園、小学校、中学校、高等学校及び特別支援学校の学習指導要領等の改善について」（平成二〇年一月）九四-九八頁。

（2）竹内敏雄編集『美学事典』（第九版、弘文堂、一九七〇年）一四一-一四二頁。

（3）佐々木健一『美学辞典』（東京大学出版会、一九九五年）二一七頁。

（4）J.Dewey, *Art as Experience*, Capricorn Books, 1958（1934）, p.298. 鈴木康司訳『芸術論—経験としての芸術—』春秋社、一九六九年、三二九頁。
（5）*ibid*., p.298. 鈴木訳、三二九頁。
（6）*ibid*., p.309. 鈴木訳、三四二頁。
（7）*ibid*., p.310. 鈴木訳、三四二-三四三頁。
（8）*ibid*., p.309. 鈴木訳、三四二頁。
（9）*ibid*., p.314. 鈴木訳、三四七頁。
（10）*ibid*., p.301. 鈴木訳、三三二頁。
（11）*ibid*., p.302. 鈴木訳、三三四頁。
（12）*ibid*., p.302. 鈴木訳、三三四頁。
（13）*ibid*., pp.302-303. 鈴木訳、三三四-三三五頁。
（14）*ibid*., p.304. 鈴木訳、三三六頁。
（15）*ibid*., p.304. 鈴木訳、三三七頁。
（16）*ibid*., p.307. 鈴木訳、三三九頁。
（17）*ibid*., p.307. 鈴木訳、三三九-三四〇頁。
（18）*ibid*., p.310. 鈴木訳、三四二-三四三頁。
（19）*ibid*., p.314. 鈴木訳、三四七頁。
（20）*ibid*., p.308. 鈴木訳、三四一頁。
（21）*ibid*., p.308. 鈴木訳、三四一頁。

（22） *ibid.*, p.308. 鈴木訳、三四一頁。
（23） *ibid.*, p.308. 鈴木訳、三四一頁。
（24） *ibid.*, p.324. 鈴木訳、三五九頁。
（25） *ibid.*, p.314. 鈴木訳、三四九頁。
（26） *ibid.*, pp.314-315. 鈴木訳、三四九-三五〇頁。
（27） *ibid.*, p.317. 鈴木訳、三五一頁。
（28） *ibid.*, p.317. 鈴木訳、三五一-三五三頁。
（29） *ibid.*, p.319. 鈴木訳、三五四頁。
（30） *ibid.*, p.319. 鈴木訳、三五四頁。

第八章　芸術的経験論における芸術の分類の考え方

一　研究の目的と方法

日本の学校のカリキュラムにおける芸術の教科は、音楽と図画工作・美術からなる。ところが、近年、学校の週五日制による時間数削減や総合的な学習の時間の設置、そして、基礎学力育成の観点から算数・数学や理科等の教科の時間数増加、それに、国際的な視野の中で活躍できる日本人の育成の観点から小学校での外国語活動（英語学習）の必修化等と、時代の要求に即して新たなカリキュラムの編成が実現されている。こういった中で、音楽や美術の教科の時間数は削減の傾向にあり、また、音楽や図画工作・美術を芸術として一つの教科にし、その中から生徒に選択させるという考え方も話題とされてきた。

一方、音楽と図画工作・美術は、時間芸術と空間芸術として、専門家によってその表現様式が様々に研究され作品が生み出されてきた。そして、それらの表現方法を学ぶ専門学校や専門大学が制度化され、表現技法が受け継がれてきた。このようなことは、音楽や図画工作・美術の教員を養成する教員養成大学においても同様であり、音楽と図画工作・美術の教育内容やそれの指導方法は、異なる専門集団によって研究と教育がなされている。つまり、音楽と図画工作・美術は、文化の継承方法としては、完全に分離されそれが制度化されている。

今後、学校のカリキュラムにおいて、音楽や図画工作・美術の時間数が削減されると仮定したときに、音楽と図画工作・美術を芸術として一つの統合した教科とするという選択も出てこよう。しかし、音楽と図画工作・美術の表現様式を教師側から見たときには、そこには大きな壁があり、芸術として共通の部分がなかなか見いだせない。学校教育において、子どもに豊かな芸術的経験を与えることをねらいとしたとき、音楽や図画工作・美術の芸術としての共通性と違いを探ることが基本的な研究として求められる。

そこで、第八章では、デューイの芸術的経験論おける芸術の分類について、その考え方を明らかにし、学校の芸術教育のカリキュラムやその展開方法に示唆を得ることを目的とする。まず、従来の芸術の分類について取り上げ、次にデューイの芸術の分類についての考え方と彼の従来の芸術分類への批判を述べ、最後にデューイの芸術分類（建築、彫刻、絵画、音楽、文学）に即して、諸芸術の媒介の特徴と表現的特質について述べる。そのための主な文献は、J・デューイの『経験としての芸術』（*Art as Experience*, 1934）の「第一〇章　芸術の多様な実体」（X. THE VARIED SUBSTANCE OF THE ARTS）を中心に取りあげる。

二　従来の芸術の分類（芸術の類型）

我が国において、デューイの芸術論における芸術の分類の考え方についての論文は、管見する中では見あたらない。そこでまず、従来の芸術の分類の考え方について、『美学事典』[1]（竹内敏雄編集、一九七〇年）の「芸術類型」を基に、その一部をまとめてみる。

(一) 類型学的立場による分類

この立場の分類は、経験的美学以来の科学的・実験的基礎に立脚しつつ、記述的具体的区分をもって諸芸術の関係に実質的な体系秩序を確立しようとするものである。

1 自由芸術と応用芸術　この分類の考え方は、芸術の本来の美的効果と同時に実際的効用の点から、その目的に奉仕するか否かによって次の二つに区分するものである。①自由芸術（音楽・舞踊・絵画・文学・彫刻等）、②応用芸術（建築・工芸・絵画・美術）。

2 空間芸術と時間芸術　この分類の考え方は、カントが純粋な直観形式として空間と時間とを区別したそれを拠り所にするもので、われわれの感覚は、アプリオリにこの時間と空間に規制されているかぎり、芸術現象もまた空間と時間によって秩序づけられているとするものである。この分類の考え方によって、芸術を次のように三つに区分する。①空間芸術。ア、三次元的なもの（建築・彫刻）、イ、二次元的なもの（絵画・平面彫刻）、（これらのア、イ、の芸術は造形芸術に整理される。）②時間芸術（音楽・文芸）、③時空間芸術（演劇・映画・舞踊）（②時間芸術と③時空間芸術はミューズ的芸術に整理される。）

3 事物的芸術と非事物的芸術　この考え方は、芸術品の現実界に対する関係からみた分類で、芸術を次の二つに大別する。①事物的芸術。これは、現実の世界に存在する一定の事物（人間とその活動を含む）を対象とし、それに相応する具体的形態において模写する芸術として、彫刻・絵画・文芸・演劇・映画などが挙げられるとする。従って、これらの芸術は、模倣芸術・再現芸術・描写芸術・対象芸術と呼ばれるとする。②非事物的芸術。これは、芸術を現実の事物に束縛されず、専ら感情・気分のような主観的状態を抽象的形式において表出するものとし、建築・装飾・音楽等を挙げる。従って、これらの芸術は、非模倣的芸術・表現的芸術・気分芸術と呼ばれるとする。

㈡　感覚領域による分類

この立場の分類は、先の空間芸術・時間芸術・時空間芸術の区別に照応する芸術の分類で、次のように感覚領域によって区分する考え方ある。①視覚芸術（建築・彫刻・絵画・平面彫刻）、②聴覚芸術（音楽・文芸）、③視聴覚芸術（演劇・映画・舞踊）。

以上の従来の芸術の分類によると、図画工作・美術の絵画は、空間芸術、視覚芸術、又は、事物的芸術等に、音楽は、時間芸術、聴覚芸術、又は、非事物的芸術等に分類される。しかし、これらの分類では図画工作や美術の絵画と音楽の芸術的経験としての共通性や違いは見えてこない。

三　デューイの芸術分類の考え方と従来の芸術分類への批判

㈠　デューイの芸術分類の考え方

デューイは、芸術の分類についても、彼の経験論に即して展開している。すなわち、芸術的経験は、有機体なる自我と外界との継続的・蓄積的相互作用の産物であるという理論である。このような彼の芸術論から、デューイは、諸芸術の分類については、それぞれの芸術が持つ「媒介」(medium)によって分け分類するという方法を取る。「橋を作るには石や鉄鋼やセメントをもってするように、それぞれの媒介にはそれぞれの力がある、能動的または受動的な力、積極的または消極的な力があるということ、そして、芸術の種々な特性を識別する根拠は、媒介として用いる素材特有の力を芸術が開発するところにあるということである。(2)」

そして、芸術表現を「媒介」という見地からみるとき、諸芸術は大きく芸術家の人間的有機体、即ち身体を媒介とする芸術と他方肉体以外のものにずっと多くを依存する芸術、言い換えると自動的芸術と形成芸術(automatic and shaping arts)とにおおざっぱに区別できると言う。(3)自動的芸術は、舞踊や唄、唄と結びついていた文芸の原型たる作り話等で、形成芸術は、道具を使って外物を処理するために肉体を働かせて作る彫刻や建築等である。(4)

(二) 従来の芸術分類に対する批判

1 従来の芸術分類に対する批判の基本的な考え方

このような芸術の分類の考え方からすると、デューイは従来の芸術の分類(感覚器官による分類、時間空間による分類、再現的芸術と非再現的芸術等)は、これを内部(inside)から述べていると見る。(5)内部からと言うのは、媒介が現にあるようになったのはなぜであり、また、いかにしてについて尋ねることなく、それを単に既成事実として受け取っているという意味である。(6)そのため、従来の芸術の分類は、①知的理解を混乱させる。②芸術と芸術のかかわりやつなぎ目を無視する。③その結果、そこには、乗り越えられない障害物ができ、それが、芸術を理解する妨げとなるとデューイは批判する。(7)

2　各分類方法への具体的批判

ここで、デューイの従来の芸術分類についての具体的批判を取り上げてみる。

①感覚器官による分類（視覚芸術・聴覚芸術・視聴覚芸術）

詩は、吟遊詩人が耳に訴えるものとした作品として生まれたのである。それが、現在は、耳に訴える音声を除いて存在している。つまり、詩は、聴覚（音声）を主に生まれたが、現在は、それが文字化され、外観は視覚的なものとされている。(8) このように詩は、発生のときとそれ以降の発展によって表現の訴え方が変化しており、それがどういう感覚器官によって成立しているかを見るだけでは、芸術本来の特質は見えないというのがデューイの感覚器官による芸術分類に対する批判である。

②時間・空間による分類

この時間・空間による分類は、デューイによると、結果からみた分類で、また、外部からなされた分類で、この分類では、作品の美的内容の解明はできないと、次のような事例で批判する。例えば、建築・彫刻・絵画は、空間芸術と分類されるが、これでは、建築・彫刻・絵画の時間的質を否認することになる。また、唄や詩を時間芸術と分類すると、これでは、唄や詩の空間的質を否認することとなる。(9) 時間・空間による分類は、外的な物理的存在としての芸術的所産の特性を元として分類がなされたものである。(10) 建築は、「ちっぽけな小屋でさえも、時間的質が加わるのでなければ、美的認識と内容となりえない。(11)」

デューイの芸術論によると、芸術の実体には、共通に①媒介、②包括的な質的全一体、③時間と空間が認められるという考え方である。このことから、時間芸術にも空間的質が認められ、逆に空間芸術にも時間的質が認められるとする。このようなデューイの芸術論からすると、芸術を時間芸術と空間芸術に区分することは、芸術の実体を認識するものにはならないという批判である。

④混合芸術（時間芸術＋空間芸術）

時間空間による分類では、舞踊は時間芸術でもあり空間芸術でもあるといわなくてはならなくなった。[12]「それぞれ独自の、単一な、統一ある存在たろうとすることはすべての芸術作品の本性である。だから、この『混合』芸術という概念はあらゆる堅苦しい分類事業の陥る不合理な帰結[13]」である。この分類法は、無理に分類しているもので論理に合わない「帰謬法」に陥っているという批判である。

⑤再現芸術と非再現芸術による分類

絵画・彫刻・文学・映画等を再現芸術とし、音楽・建築・装飾等を非再現芸術とする分類方法である。この分類方法について、デューイは、次のような事例で批判する。音楽や、建築は、非再現芸術とされる。だが、音楽は、戦争や悲哀や凱旋や性的興奮などの事柄や光景によって引き起こされる愛情や情的印象を音で再生する。[14]そして、建築としての大会堂は、森の中の樹木を再現する。しかし、自然物の形状の再生の意味では建築は再現ではない。自然物の形状としての形、柱状、円筒状、矩形、球状を利用する。建築は、この形の効果を表現するのである。[15]

四　デューイの芸術分類

(一)　芸術分類の考え方

デューイの芸術分類の考え方は、先に述べたように、表現の媒介の見地から芸術をみるものである。楽器の音色、人の声があるように、音は音で独特の働きをする。これが音楽の媒介になる。橋をパステルでは、作らない。橋を作るには、石や鉄鋼やセメントを媒介とする。だが、表現の媒介は、連続している。スペクトル状の七原色を見分けるように芸術を区分しうる。だが、どこで一つの芸術が始まり、他の芸術が終わるかは、的確に語り得ない(16)。デューイは、このように媒介によって芸術を分類する方法を取るが、しかし、媒介の区別によって芸術が截然と区別されるのではなく、そこには、芸術としての連続性があると見ている。

(二)　分類の方法

先述したようにデューイは、芸術表現を媒介という見地から捉え、諸芸術を大きく次の二つに区分する。それは、人間の有機体（心身）を媒介とする芸術と肉体以外に多くを依存する芸術とする考え方で、前者が自動的芸術で後者が形成芸術となる(17)。

①自動的芸術。これは、舞踊、唄、唄と結びついている文芸の原型としての作り話し等で、人間の身体を媒介とする芸術が対象となる。

②形成芸術。これは、彫刻・建築等、直接的に肉体は使用しないで、道具を使って外物を処理して作る芸術が対象となる。

(三) 芸術の分類の具体

1 建築(architecture)

建築の媒介は、セメント、木材、石、鉄鋼、ガラス、煉瓦、藺草等である[18]。これらの建築の媒介は、天然の原料であり、その原料の自然力を生かす点に特徴がある。「建築を特色づけているその特徴はその媒介が(比較的)自然のままの原料であり、自然力を基本的な状態で保持した原料であるという点にある[19]。」

しかも、建築の使用する自然力の範囲が広範で直接的である[20]。この点も、他の芸術と異なる特徴で、建築は、この自然力によって推進力や重力などを表現する。「建築が自然力を使用することは疑いない。建築に全く比肩しうるほど大規模に応力やひずみや、推進力や逆進力や、重力や光や凝集力を表わしている芸術は他にない。しかも、他のいかなる芸術にもまして建築はこれらの力を直接取り上げるのであって、これを間接に用いるのでもなく、代行するのでもない[21]。」そして、建築は、媒介の自然力によって、自然の構造を表現するとともに、安定性と持久性などの特質を表現する。「建築は自然そのものの構造、組織を表現するのである。(中略)それゆえ、あらゆる芸術のうちで建築は具体的存在の安定性と持久性との表現ということに対して最も密接な関係にある[22]。」

以上から、建築の媒介は、天然の原料であり、その原料の自然力を生かすことで、自然の構造を表現するとともに、安定性や持久性といった特質を表現するものと言える。

2　彫刻（sculpture）

彫刻の媒介は、石・木材・鉄等である。デューイは、彫刻は、建築と密接に関連していて、建築は、大会堂が政治や宗教の儀式の場所になるように人間の生活を直接導くが、彫刻は、個人の武勇や献身の業績が題材になるように個別化された生活を表現すると次のように言う。「彫刻は建築の記録的記念碑的な面を取り出して、これを強調する。彫刻は、言わば追憶的側面を専ら担当している。建築は生活の中にはいり、その形成を助け、生活を直接導くが、彫刻と記念碑は過去の武勇や献身や業績をわれわれに思い起こさせるとき、その働きをする。[23]」「建築は人間の集団生活を表現する。（中略）だが、彫刻は個別化された形の生活を表現する。[24]」

そして、デューイは、建築と彫刻の表現の違いは、統一性にあると言う。「彫刻も建築もともに統一性をもち、それを表現しなければならない。しかし、建築の統一性は夥しく多種多様な要素の集合からなる統一性である。彫刻の統一性はもっと単純で、限定されたものである。[25]」

次に、デューイは、彫刻の最も特徴的な点は、普遍と個物の融合にあり、[26]このことで、彫刻が表現する感情的特質は、「完了、重々しさ、静止、釣合、平穏である[27]」と言う。このことは、デューイは、ギリシャ彫刻の理想化された人間の肢体に最も典型的に表現されていると見る。[28]

以上から、彫刻は、石や木材等を媒介として、個人的生活を題材としながら普遍と個物を融合することで、感情的特質として完了、静止、釣り合い等を表現する芸術と言える。

3　絵画（painting）

絵画の媒介は、色彩（color）である。絵画は、色彩を媒介として、「自然や人間的状況を光景（spectacle）として表現[29]」する。「この光景は眼を中心とした生物と光や純粋な色、反射し屈折して成った色との間の相互作用によって生ずる。[30]」

デューイは、この絵画的要素（光と陰の揺曳）は、建築や彫刻等の芸術にも存すると言い、しかし、これらの芸術においては、それは、従属的、副次的であると言う。[31]

絵画は、この色彩を媒介とし、情景としての世界を表現する。「絵画は情景として現われうるようなあらゆる事物や状況を表現することができる。[32]」そして、絵画が表現する特質は、事物の質（qualities）および状相（aspect）である。「例えば水の流動性、岩の頑丈さ、木のもろくて、しかも抵抗力あるさま、雲のたたずまい、その他われわれをして自然を光景とし表現として味わい楽しませるさまざまな状相など、すべてこれらの質および状相を視覚によって伝える絵画の抜群の力[33]」を語ることができる。

以上から、絵画は色彩を媒介とすることで自然のあらゆる情景を表現でき、その表現的特質は事物の質や状相にあると言える。

4　音楽（music）

「音楽は音（sound）を媒介とする。[34]」デューイは、音楽の媒介となる音の特性について、われわれに衝撃や不安をもたらすものであると次のように言う。「音は、身体の外部から来るが、音そのものは身近で、密接なものである。音は、有機体の興奮であり、われわれは振動の衝撃を全身であまねく感ずる。音は変化を報ずるものであるから、じかに直接的な変化をひき起こすものである。足音や小枝の折れる音や叢のざわめきは敵意の動物や人間が加える攻撃、或は殺戮をさえ示している。（中略）音は差し迫ったこと、発生しかかったことを、おそらくやがて起こるであろうことのきざしとして伝える。視覚よりも聴覚のほうが結果について実感をはるかに多く宿している。切迫感はあいまい、不確実という暈にいつも掩われている。これらはすべて激しい感情的動揺が生ずるのにもってこいの条件である。(35)」

音楽は、このような音という感覚的質をもったものを媒介とし、これをハーモニーや旋律等によって「形式上の関係を用いることによって、この感覚的素材を実際的活動から最も遠く隔たった芸術に変えることができる。(36)」そして、「かような状態の中で、もろもろの音は互いに関連して組織され、こうしてそれぞれの音は先行する音を集約し、後続する音を予告するのである。(37)」

このような音楽の特徴から、デューイは、音楽が表現する特質は、衝撃や不安定であると次のように言う。「音楽は、自然や人生の永続的背景の上に演ぜられる劇的変化たる衝撃と不安定、軋轢と和解などを必ず力強く表現する。(38)」そして、彫刻が表現する特質が安定と普遍であるのに対し、音楽の表現する特質は動揺と運動であると言う。(39)

以上から音楽は、感覚的質の伴う音を媒介とし、これを表現としての形式の中で組織することで、動揺と運動等の感覚的質を表現する芸術であると言える。

5　文学（literature）

ここでいう文学は、詩、散文、小説、戯曲等を指す。文学の媒介は、言葉（words）である。媒介としての言葉には、音（sound）が伴っている。まず、デューイは、言葉に伴う音の特性について、次のように述べる。文芸においては、音が直接媒介でもこれは音楽のような音ではない。言葉は、文学よりも前から存在していて、言葉は伝達の技術によって、ただの音から作られた。(40)

次にデューイは、文学での媒介となる言葉は、媒介としての素材との隔たりがないと言うところに特性があると指摘する。[41]つまり、言葉は、母国語であり、この言葉には、子どもの時から経験した感情が込められている。このことから、言葉を媒介にする文学は、他の芸術と異なると見る。

言葉のこの特性ゆえに、他の芸術の経験をするときもこの言葉の中に内包された過去の経験によって彩られると次のように言う。「建築的、絵画的、彫刻的なものの意味は、言葉から生じた価値によって知らず識らずのうちに常に包まれて、豊富にされるのである。[42]」そして、デューイは、媒介としての言葉の力は、性格（character）を表わすところにあると言う。「名詞や動詞や形容詞は、一般的状態、即ち性格を表現する。固有名詞でさえも個々の事物に限った性格なら表わすことができる。[43]」「言葉は、事物や事件の本性（nature）を伝えようとする。[44]」「言葉はものの性格ないし本性を抽象的概念的な形で示すのではなく、個物の中に現われ、その中で作用するものとして伝えることができる[45]」。

以上から文学の媒介は、われわれが子どもの頃から使う言葉であり、このことが文学の素材の身近さとなり、他の芸術にはない特性となる。そして、この言葉の表す特質は、事物の性格にあると言える。

五　まとめ

デューイの芸術の分類の考え方は、媒介によって区分するものである。この見地から芸術を大きく身体を媒介とするものと、身体以外に多くを依存するものに区分する。それは自動的芸術と形成芸術となる。自動的芸術は、舞踊や唄等である。形成芸術は、直接的に身体を用い表現するのではなく、道具を使って素材を処理して作る彫刻や建築等である。

そして、デューイは、この芸術の分類の考え方によって、諸芸術の媒介の特徴とそれによって表現する特質について、例えば、建築は安定性と持久性を、彫刻は完了、静止、釣り合いを表現するなどと具体的に述べている。また、本論文で課題とした音楽は、音を媒介として動揺と運動等の特質を、図画工作・美術の絵画は、色彩を媒介として事物の質や状相の特質を表現すると述べている。

ところが、デューイは、このように媒介で芸術を区分しても、そこで表現される特質は重なる部分があり、物を区別するようには明確には分けられないと見ている。例えば絵画は、色彩による光と陰の揺曳によって、事物の質や状相を表現するところに特徴があるが、この光と陰の揺曳という絵画的要素は、建築にも彫刻にも見られると言う。しかし、これは、建築や彫刻においては副次的な特質になるとみる。このようなことから、芸術を媒介によって区別するものの、そこで表現される特質は、共通性があり芸術としては連続しているという見解をとっている。

このようなデューイの芸術の分類の考え方に立つと、学校教育においても音楽と図画工作・美術を明確に区分して扱うのではなく、芸術的経験として連続しているという考え方に立ち、指導することが可能となる。

注

（1）竹内敏雄編集『美学事典』（第九版、弘文堂、一九七〇年）二一一-二一八頁。

（2）J.Dewey, *Art as Experience*, Capricorn Books, 1958（1934）, pp.243-244. 鈴木康司訳『芸術論―経験としての芸術―』春秋社、一九六九年、二六八-二六九頁。

（3）*ibid.*, p.227. 鈴木訳、二五〇頁。
（4）*ibid.*, p.227. 鈴木訳、二五〇頁。
（5）*ibid.*, p.244. 鈴木訳、二六九頁。
（6）*ibid.*, p.244. 鈴木訳、二六九頁。
（7）*ibid.*, p.217. 鈴木訳、二三九頁。
（8）*ibid.*, p.217. 鈴木訳、二三九頁。
（9）*ibid.*, p.218. 鈴木訳、二四〇頁。
（10）*ibid.*, p.218. 鈴木訳、二四二頁。
（11）*ibid.*, p.220. 鈴木訳、二四二頁。
（12）*ibid.*, pp.222–223. 鈴木訳、二四五頁。
（13）*ibid.*, p.223. 鈴木訳、二四五頁。
（14）*ibid.*, p.221. 鈴木訳、二四三頁。
（15）*ibid.*, p.221. 鈴木訳、二四三－二四四頁。
（16）*ibid.*, pp.226–227. 鈴木訳、二四九頁。
（17）*ibid.*, p.227. 鈴木訳、二五〇頁。
（18）*ibid.*, p.230. 鈴木訳、二五三頁。
（19）*ibid.*, p.230. 鈴木訳、二五三頁。
（20）*ibid.*, p.230. 鈴木訳、二五三頁。
（21）*ibid.*, p.230. 鈴木訳、二五三頁。

（22）*ibid.*, p.230. 鈴木訳、二五三-二五四頁。
（23）*ibid.*, p.232. 鈴木訳、二五六頁。
（24）*ibid.*, p.233. 鈴木訳、二五六-二五七頁。
（25）*ibid.*, p.232. 鈴木訳、二五六頁。
（26）*ibid.*, pp.233-234. 鈴木訳、二五七頁。
（27）*ibid.*, p.234. 鈴木訳、二五八頁。
（28）*ibid.*, p.234. 鈴木訳、二五八頁。
（29）*ibid.*, p.234. 鈴木訳、二五八頁。
（30）*ibid.*, p.234. 鈴木訳、二五八頁。
（31）*ibid.*, p.235. 鈴木訳、二五八頁。
（32）*ibid.*, p.235. 鈴木訳、二五八頁。
（33）*ibid.*, p.235. 鈴木訳、二五九頁。
（34）*ibid.*, p.236. 鈴木訳、二六〇頁。
（35）*ibid.*, p.237. 鈴木訳、二六一頁。
（36）*ibid.*, p.239. 鈴木訳、二六三頁。
（37）*ibid.*, p.239. 鈴木訳、二六三頁。
（38）*ibid.*, p.236. 鈴木訳、二六〇頁。
（39）*ibid.*, p.236. 鈴木訳、二六〇頁。
（40）*ibid.*, p.239. 鈴木訳、二六四頁。

（41） *ibid.*, p.240. 鈴木訳、二六四頁。
（42） *ibid.*, p.241. 鈴木訳、二六五頁。
（43） *ibid.*, p.243. 鈴木訳、二六八頁。
（44） *ibid.*, p.243. 鈴木訳、二六八頁。
（45） *ibid.*, p.243. 鈴木訳、二六八頁。

第九章　芸術的経験論における異民族芸術を経験することの意味

一　研究の目的と方法

平成一八（二〇〇六）年の教育基本法の改定によって、教育の目標に「伝統と文化を尊重し、それらをはぐくんできた我が国と郷土を愛するとともに、他国を尊重し、国際社会の平和と発展に寄与する態度を養うこと」が新たに加えられた。このことを受け、平成二〇（二〇〇八）年告示の芸術教科の学習指導要領においても我が国の伝統文化としての芸術の指導を充実させる方向で改善された。この伝統文化の扱いについて、例えば、中学校音楽科の学習指導要領改善の基本方針には、次のように記述されている。「我が国の音楽文化に愛着をもつとともに他国の音楽文化を尊重する態度等を養う観点から、学校や学年の段階に応じ、我が国や郷土の伝統音楽の指導が一層充実して行われるようにする。(1)」

音楽や美術等の芸術も文化の一つである。教育基本法の教育目標にも「伝統と文化を尊重し」「他国（の文化）を尊重し」（（　）内は筆者）とあり、音楽科学習指導要領の改訂方針にも「我が国の音楽文化に愛着をもつ」とともに「他国の音楽文化を尊重する態度等を養う」とある。このように、我が国の文化・芸術を尊重することと並列して他国の文化・芸術を尊重することが教育の目標や内容改善の方針となっている。

ここで問題となるのが、われわれが自国の伝統的な芸術を学び経験することにおいて、異なる民族の芸術を学び経験することは、どのような意味があるのか、また、その経験はどのような方法となるのかということである。そこで、第九章では、デューイ芸術的経験論を通して、われわれが異民族芸術を経験することの意味と方法を明らかにし、学校においての芸術教育への示唆を得ることを目的とする。対象とする基本文献は、J・デューイの『経験としての芸術』(*Art as Experience*, 1934) の「第一四章　芸術と文明」(XIV. ART AND CIVILIZATION) を中心に取り上げる。

そこで、まず、「文明」と「文化」の用語の概念を明らかにし、定義したい。田丸徳善は、文明と文化の概念について、次のように述べている。文明 (civilization) は、ラテン語 (civis,civilis) の (市民・市民的) に由来する。「市民化すること」ないし「市民的状態」を指し、「粗野」「野蛮」などと対立する具体的な内容の概念である。文化 (culture) は、ラテン語の (cultura)「耕すこと」から派生したとされ、具体的な耕作の動作から、精神・心の開発という意味に転用された[(2)]。

そして、『広辞苑』[(3)]では、「文化」と「文明」の概念について、次のように定義している。「文化 culture」。「人間が自然に手を加えて形成してきた物心両面の成果。衣食住を始め科学・技術・学問・芸術・道徳・宗教・政治などの生活形成の様式と内容を含む。」「文明」。「①文教が進んで人知の明らかなこと。② (civilization) 都市化。」

以上から「文明」と「文化」の用語の概念は、次のように整理される。「文明」は、「粗野・野蛮」から学問や教育が進んで「市民化すること」ないし「市民的状態」を言う。「文化」は、「人間が自然に手を加えて形成してきた物心両面の成果で、衣食住を始め科学・技術・学問・芸術・道徳・宗教・政治などの生活形成の様式と内容を含む」ものとなる。従って「芸術」は、文化の一部であり、この文化の一部となる芸術を経験することで、人間は「粗野・野蛮」から、「市民化」され、「市民的状態」へ、すなわち「文明」化へと発展することの一助となる。

次に、本章のテーマ「芸術的経験論における異民族芸術を経験することの意味」についての先行研究は、我が国においては管見する中ではないが、関連する論文に加藤周一の「芸術家の個性—経験・様式及び個性—」[4]がある。この論文の中で、異民族の芸術を経験する方法は、感受性（感覚的経験）によると次のように述べている。芸術を理解する方法は、概念によってではなく感受性による。感受性を決定するのは時代であり、そのような時代の層を文化という。一文化の芸術との「接触がわれわれにとって意味を生じるのは、概念を通してではなく、感覚を通してであり、言葉を通じてではなく、感覚的なのもの中に実現された精神との直接的接触を通じてである。」この加藤の論文は、一文化の芸術を理解する方法を述べたもので、異なる文化の芸術を経験することの意味については言及していない。

二　芸術的経験の特質と文明生活における芸術の意味

本章の目的は、「異なる民族の芸術を経験することの意味とその方法」を解明することである。この目的に入る前に、デューイは芸術的経験をどう捉えているのか、その特質を整理し、その上で、文明生活における芸術の意味について、デューイの考えを整理しておきたい。

(一)　芸術的経験の特質

デューイは、「芸術は、経験に滲みわたっている一性質（a quality）である。」[5]と述べているように、芸術は日常経験と連続しており、それが首尾よく発展し「一つの経験」（an experience）として完成したものであると見る。つまり、人間と環境との相互作用による経験において、それが充実発展し「一つの経験」になったものが科学的経験や芸術的経験などの価値的経験である。この「一つの経験」となり、価値的経験となったものは、「美的経験」（esthetic experience）でもあると言い、その経験には、次のような条件を備えていると見る。[6]①連続性を持つ。②認識的である。③想像的である。④感情的性質を伴う。

知的科学的経験と芸術的経験の違いは、経験を組織する素材と結論に意味があるか、それとも経験の過程に意味があるかにある。知的科学的経験を構成する素材は、言語や記号であるのに対し、芸術的経験を組織する素材は音や色彩などの自然の物質である。そして、知的科学的経験は、結論に意味があるのに対し、芸術的経験は、例えば小説の主人公の結末に必ずしも意味があるのではないというように、その展開過程をわれわれが経験するところに意味がある。

このような自然の物質を素材とする芸術的経験は、発展的経験のなかで素材は媒介となり表現の形式となり内容となる。そして、芸術には共通に①媒介、②質的全一体、③時間と空間が実体として認められると言う。[7]

(二)　文明生活における芸術の意味

そこで、デューイは、このような特質をもつ芸術的経験（美的経験）は、「文明生活を表示し、記録し、称えるものであり、文明の発達を促進する方法であり、文明の性質に関する最終判断（ultimate judgment）でもある」[8]と言い、文明生活における芸術の意味を述べている。まずこの言説の前半、芸術的経験（美的経験）は、「文明生活を表示し、記録し、称えるものであり、文明の発達を促進する方法」であるということについて問題にしてみる。「文明には、一時的な要素と永続的な要素がある。この永続的な要素は、一時的な要素とは別個に遊離してはいない。過ぎ行くさまざまな事件が組織されて意味となり、この意味が人間の心を形成するのであるが、そのとき、こうした事件の営む機能が即ち永続的な力なのである。そして、芸術は、このような組織化、結合化を生む偉大な力[9]」となる。それ故、芸術的経験は、文明生活を表示し、記録し、称えるものであり、文明を促進する方法となるのである。

次に先の言説の後半の引用、芸術的経験（美的経験）は、「文明の性質に関する最終判断でもある」、という部分を説明する。「美的経験は、個人によって作り出されもし、味わい楽しまれもするが、かような個人の経験内容が現にあるようなものとなるのは、彼が参与する文化のおかげ[10]」である。つまり、文化と人々とのかかわりのなかで、芸術も理想へ向け創造され、形をなす。そういったことから、芸術的経験（美的経験）は、固有の文明の最終判断となる、と言うことである。それは、なぜか。芸術は、さまざまな素材を調和的に組織することで、人間と環境との相互作用の意味を理想へと向け創造し表現するからである。

そして、創造された芸術は、その芸術の制作者が死にいたっても作品は文化の一つとなり、文明をつくるものとなる。つまり、「個人の人間は死ぬが、客観的に表現された意味を含む作品は生き永らえるのである。この作品は、環境の一部となり、そして、環境のこの側面と人間との間の相互作用は、文明生活を継続させる活動の中心[11]」となる。言い換えると、人間は死んでも、その人間の心を通して表現された作品は残り、次の人々の環境の一部となり、文明生活を継続・発展させるものとなるということである。

三　異なる民族の芸術を経験することの意味とその方法

以上、芸術的経験の特質とそれの文明生活における意味について述べた。次に、われわれが異なる民族の芸術を経験することの意味と方法という、本研究の主題について考察する。そこで、まず、われわれは異なる民族の芸術を理解したり鑑賞したりできるのか、という問題について考察する。

(一)　異なる民族の芸術を理解したり鑑賞したりすることができるか

例えば、エジプト、ギリシャ、中国、日本など、各々の文化には、集合的個性（collective individuality）がある。[12]この集合的個性を西欧と日本の伝統的な衣食住にみてみると、それらは気候・風土とも関連するが、洋服と和服、洋食と和食、石の西欧家屋と木の日本家屋というように、その違いがはっきりと表れる。そして、「集合的個性はそこで作られた芸術に消えない痕跡をとどめる。[13]」この事は、例えば、色彩について、西欧文化においては、原色を好むのに対し、日本文化においては、淡い中間色を好むというようなことや、音色において西欧人は教会で演奏される反響のある響きを好むのに対し、日本人は竹藪を風が吹き抜けるような音を好むというようなことで説明される。

このような事から、時間・空間的に隔たった文化の中で表現された芸術を異なる文化に属する人間が理解したり、鑑賞したりすることができるのかという疑問に対し、デューイは、次のように答える。或る思想家は、「時間的にも隔たり、文化的にも縁遠い人々の経験を実際に再生することはできないから、こうした人々の制作した芸術を真に鑑賞することはできない、と言う。[14]」例えば、「ギリシャの生活態度や世界観はわれわれとは甚だしく隔たっており、従って、ギリシャ文化からうまれた芸術作品はわれわれにとって美的には不可解であるに違いないと主張する。[15]」これに対するデューイの答えは、美的経験は、常に同一でなくてはならないという理由はない。時間的・空間的に隔たった芸術を対象とした時でも、常にそこで新たな美的経験がなされていればよく、また、そのような経験が美的経験の特質であると、次のように言う。

「芸術的経験とは作品と自己との間の相互作用のことである。だから、同じ現代においても、違った人間の間には同一の経験が行なわれることはない。また、同一の人間でも時が違えば、作品の中になにか違った要素を持ち込むから、美的経験も時によって違ってくるわけである。だが、これらの経験が美的経験となるためには、常に同一でなければならないということはどこにもない。それぞれの場合において、経験内容が完成に向かって秩序ある発展をとげる限り、そこに顕著な美的経験が行なわれる。[16]」

つまり、デューイは、美的経験は常に同一である必要はなく、作品と自己との相互作用における経験が、秩序ある発展を遂げれば、それが「一つの経験」、即ち美的経験となり、それゆえ、その意味において異なる民族の芸術も理解でき鑑賞できると主張しているのである。

(二) 異なる民族の芸術を経験することの意味とその方法

以上、整理したように、われわれは、文化的に隔たる民族の芸術を理解したり、鑑賞したりすることができるのである。では、われわれが異なる民族の芸術を経験することの意味は、どういうところにあるのか。われわれが異民族芸術を経験すること、つまり、民族、環境、時代を隔てた一芸術をわれわれが経験することは、どういう意味があるのか。この問にデューイは、次のように答えている。

まず、人間は、環境とのかかわりの中で一つの満足の仕方をもち、その満足の仕方が芸術の基準になっている。そして、この人間の或る環境の中で一つの満足の仕方は、人間の本性の中に内在するもので、それがすべての芸術の基準をなす。つまり、芸術も人間と外界との間の適応の過程の中の一要素であり、この過程においては独自性があり、それが芸術表現の基準になる。(17)

では、このような人間と環境との間の適応において、人間の内奥にある満足の仕方を基準とし表現として形作られる芸術を異なる民族が経験することの意味はどこにあるのか。「芸術の創造と鑑賞に対する集合的文化（collective culture）の影響という見地からすると、芸術は人間と外界との適応の内奥にある態度を表現するものであり、人類全般の態度の根底にある観念や理想を表現するものである。だからこそ、一文明特有の芸術がはるか遠い他国の文明の経験の最深の要素と共鳴し、その中に融け入る手段となるのである。この事実によって、異邦の芸術がわれわれ自身に対してもつ人間的意義も説明される。われわれの経験とは異なる形の経験の根底にある態度を、われわれが他国人の方法をもって把握する限りにおいて、彼らの芸術はわれわれ自身の経験を広めかつ深めて、もはやこれを地方的局地的（local and provincial）なものでなくしてくれる。(18)」

以上のデューイの引用文では、まず、われわれが異民族芸術を経験することの意味について、次のように述べている。芸術は「人類全般の態度の根底にある観念や理想を表現するものである。」それゆえ、「一文明特有の芸術がはるか遠い他国の文明の経験の最深の要素と共鳴し、その中に融け入る手段となり」、異民族の芸術がわれわれ自身の経験を広めかつ深めることになる。次に、異民族芸術を経験する方法については、次のように述べている。「われわれの経験とは異なる形の経験の根底にある態度を、われわれが他国人の方法をもって把握する」ことである。

異民族の芸術は、われわれ自身の経験を広めかつ深める。そして、そのための方法は、異民族の経験の根底にある態度を、他国人の方法をもって把握することとなる。この異民族芸術を経験する方法について、さらにデューイの言説を探ってみる。

デューイは、「他国の作品を模倣するだけの作品は、失せやすく取るに足らない。しかし最上の作品は、今日のわれわれの経験の特色を成す態度と、遠方の民族の態度との間に有機的融合を生み出す(19)」と言う。なぜなら、「新たな特質は、単なる装飾的な付加物ではなく、作品の構造の中に融け込み、こうしてもっとも広範で充実した経験を引き起こすからである(20)。」「われわれが他国の芸術をもってわれわれの態度の一端とするその程度だけ、その芸術を理解したのであって、芸術が作られたその条件に関する知識を積み重ねるだけで、芸術を理解しうるわけではない(21)。」

この他国の芸術を理解する方法、すなわち、「われわれが他国の芸術をもってわれわれの態度の一端とするその程度だけ、その芸術を理解した」のである、ということはどういう方法なのか。具体的には、次のような事例で理解できよう。例えば、日本と西欧の人々の自然観は、芸術表現における時間・空間の捉え方の違いに反映している。まず、自然に対する西欧人の関わり方は、対立的であり、自然は人間が征服できるものという考え方を取り、そこから、機械や合理的思想を生み出したと言われる(22)。

そして、このような自然観の中で生まれた西欧芸術の一つ、例えば庭園は、自然に人間の手を加え、幾何学的な構成によって形作られている。ドイツの庭園、例えばハノーバーのヘレン・ホイザー庭園は一七世紀後半から一八世紀にかけてつくられたが、長さ一・五キロの長方形の庭園で、周囲を囲み、木立、灌木、花壇、池などがみごとに幾何学的構成をみせているとしている。[23]これに対し、日本の人々の自然観は、自然を対立的に捉えるのではなく、自然を自然のまま受け入れ、自然と人間とを渾然一体と捉えるという自然観を持つ。そのことが、芸術表現には、日本庭園の特徴、すなわち、借景や川や滝を庭園に同居させ、山、林、空、雲や川の流れ、滝の水を季節の変化とともに鑑賞するというものに表現されている。

また、この西欧人や日本人の自然観に対する考え方は、芸術表現における時間・空間の捉え方の違いにも表れている。西欧の幾何学的な庭園は、庭園を構成する要素が様々な形態で形作られているが、それらはすべていわば空間軸のみで構成されていると言える。これに対し、日本庭園は、例えば江戸時代初期に造られた桂離宮は、回遊式庭園となっており、庭園全体に石畳、池、小道、橋、亭、灯籠等が配置されていて、それらを回遊する中に、様々な異なる景色と空間が経験できるだけでなく、時間的経過のなかで異なる経験ができるようになっていると言われる。[24]つまり、庭園を散策することで、空間的経験だけでなく、時間的な経験もできるようになっていると言うことである。

さらに、以上のような自然観や芸術表現における時間・空間の表現の仕方は、音楽芸術にも表れている。西洋美学においては、音楽は時間芸術として整理され、その表現においても時間軸に重点を置いて、音を構成するという方法をとっている。これに対し、日本の伝統音楽は、例えば雅楽の表現に見られるように決して時間軸だけでなく、空間軸も含めて表現が作られている。現代の作曲家、一柳慧は、日本人が伝統的に育んできた音楽表現の特質は、時間軸と空間軸を同居させ表現するところにあると言っている。[25]

そこで、この事例によって、ここでの課題「われわれが他国の芸術をもってわれわれの態度の一端とする方法」は、次のように説明できよう。西欧と日本の自然観の違い、芸術表現における時間・空間の表し方の違いといったことは、人間が環境の間との相互作用において、その適応における根本的態度と見なすことができる。このような民族の環境適応の根本的態度を理解し、その上で、その違った芸術をわれわれの態度の一端とするとき、異なる民族の芸術をわれわれの芸術経験の一部にすることができる、と言うことになる。

四　異なる民族の芸術をわれわれの経験に連続させる方法

(一)　異なる民族の芸術が他民族に真に伝達しうるか

以上では、われわれが異なる民族の芸術を経験することの意味と方法について、理解した。では、異なる民族の芸術が他の民族に真に伝達（genuine communication）されるのか。この疑問に対し、デューイは次のように答える。「さまざまな形で存在している言葉よりも、芸術の方が普遍的な様式の言葉である。[26]」だから、伝達しうると見る。つまり、言葉よりも芸術のほうが普遍性を備えていることから、異なる民族の芸術が他の民族に伝達できると言う。デューイは、芸術と言葉との対比の中で、芸術の方が普遍性を備えるので、芸術は異なる民族にも伝達できると言うのである。この問題をここで取り上げて見る。

人間が日常経験している場面は、法律的制度、政治的制度など、様々な制度によって限界付けられているところである。また、国家と国家、生産者と消費者、投資家と勤労者といった関係であり、ここでの経験の交流は外面的であり、部分的である。また、人間の言語は、英語・フランス語・ドイツ語等と様々な種類に分類される。これらの言語の間には、障壁がある。芸術には、このような障壁はない。[27]

このことの根拠として、デューイは次のことをあげている。芸術は、「さまざまに違った人々を共通的な服従や忠誠や感激の中に引き入れる力、特に音楽が有するような力は、宗教においても戦闘においてもひとしく用いられてきたが、この力は芸術という言語の相対的な普遍性を立証している。[28]」

以上のデューイの考えをまとめると次のようになる。人間の生活する場面は、様々な制度や立場によって制限されている。そのため、そこでの人々の交流は外面的であり、部分的である。また、言語も異なる言語の間には、壁があり、そのため言語による交流も部分的となる。これに対し芸術は、普遍性を備えていることから、芸術による経験の交流は広くかつ深くなるのだと言う考え方である。

(二)　異なる民族の芸術をわれわれの経験に連続させる方法

言語と違い芸術は、異なる民族にも真に伝達しうる。では、異民族の芸術をわれわれの経験に連続させるには、どのような方法となるのか。

西欧文化、日本文化、と言うように「各々の文化にはそれぞれ個性があり、またもろもろの部分を結合している一つの類型がある。[29]」例えば、和辻哲郎は文化を風土との関連からモンスーン、砂漠、牧場に類型化し、風土の観点から文化の特徴を捉えている。モンスーン地帯は、湿潤で限りなく活力に満ち、自然力が強く、人間はそうした自然に対して受け身となり、忍従的という態度をとる。日本は、風土としてはモンスーン地帯に位置し、そのため文化も風土に規定されていると言う。また、牧場地帯は、温暖で人間を打倒する自然の恐怖力はなく、人間が規律を発見でき、理性的態度を見ることができる。古代ギリシャの精神は、こうした牧場の風土によって育まれたと言っている。[30] このように各々の文化には、それぞれ個性があり、一つの類型がある。そうであるのに、個性ある文化の中で生まれた芸術が異なる文化の人々の経験に真につながるのか、つまり、経験の連続はなされるのか。この疑問に対し、デューイは次のように言う。各々の文化は、それぞれ個性があるが、「それにもかかわらず、他の文化から生まれた芸術が、われわれの経験を規定している態度の中に加わってくるとき、そこに真の連続（continuous）が生ずる。[31]」異なる文化の芸術は、他の文化の人々の経験との連続が可能なのである。ではこの、経験の連続は、どのような方法となるのか。デューイの言葉を引用してみよう。

「われわれ自身の経験はそのために個性を喪失することなく、むしろわれわれの経験の意義を拡充するような諸要素をうちに取り容れて、これらを結合するのである。[32]」こうして、「物理的には存在しないような共有と連続とが、そこに創り出される[33]」のである。

この「われわれの経験の意義を拡充するような諸要素をうちに取り容れて、これらを結合する」という方法について具体的に考えてみる。例えば、西欧絵画の発展の中で、印象派の様式の確立においては、日本の浮世絵の影響もあると言われている。この印象派の絵画表現においては、それまでの西欧の表現様式を拡充する形で、日本の浮世絵の特徴、すなわち構図・線・色の使い方等を要素として取り容れていったと言えよう。また、武満徹の作品「ノヴェンバー・ステップス」は、西欧の管弦楽の楽器と日本の楽器、尺八と琵琶の響きを融合させ、西欧的な音楽表現、すなわち時間軸を中心に音を組織することと、日本伝統音楽の表現の特質、すなわち空間軸も意図し音で表現するということを表したものである。この武満の音楽表現においては、日本的な音楽観を拡充する形で、西欧的な音楽観を要素として取り容れ、経験としての個性を保ちながら経験を拡充しているものと言えよう。

以上の考察から、芸術は異なる民族にも真に伝達しうる。そして、その異民族の芸術をわれわれの経験に連続させる方法は、異民族の経験の中から、われわれの経験の意義を拡充するような諸要素をうちに取り容れ、これを結合することとなる。

五　まとめ

本章の目的は、われわれが異なる民族芸術を経験することの意味と方法について、J・デューイの『経験としての芸術』「第一四章　芸術と文明」を通して明らかにし、我が国の芸術教育への示唆を得ようとすることであった。芸術的経験は、日常の経験が首尾よく発展し、充実した「一つの経験」となったものである。そのため、このような充実した芸術的経験は、日常のさまざまな事件から意味を引き出し、結合する力を持つ。それゆえ、芸術的経験は文明生活を表示し、記録し、称えるものであり、文明を促進するものとなる。

西欧文化、日本文化というように各々の文化には、集合的個性がある。では、このような集合的個性のなかで生まれた異民族の芸術をわれわれが経験することの意味とそれを経験する方法はどのような方法となるのか。芸術的経験は、作品と自己との相互作用によって経験が秩序ある発展を遂げればそれが「一つの経験」となり、その意味において異なる民族の芸術も理解でき鑑賞できる。そして、異民族の芸術をわれわれが経験することの意味は、異民族の芸術がわれわれ自身の経験を広めかつ深めることとなり、その方法は、われわれの経験とは異なる経験の根底にある態度を、われわれが他国人の方法をもって把握することとなる。

従って、このような異民族の芸術を経験することの意味と方法が、学校教育における異民族の芸術を経験することの意味と方法になると言えよう。

注

（1）文部科学省中央教育審議会答申「幼稚園、小学校、中学校、高等学校及び特別支援学校の学習指導要領等の改善について」（平成二〇年一月）九四頁。

（2）田丸徳善「文化とはなにか」（梶芳光運監修『人間の形成』三修社、一九七四年）

（3）新村　出編『広辞苑』（第六版）岩波書店、二〇〇八年。

（4）加藤周一「芸術家の個性─経験・様式および個性─」（加藤周一編『人間と芸術　人間研究Ⅳ』有斐閣、一九六〇年所収）一八三-二〇五頁。

（5）J.Dewey., *Art as Experience*, Capricorn Books, 1958（1934）, p.326. 鈴木康司訳『芸術論─経験としての芸術─』春秋社、一九六九年、三六一頁。

（6）拙稿「デューイ芸術経験論にみる感情の機能についての考察」（『日本デューイ学会紀要』第四二号、二〇〇一年）、三九-四〇頁。

（7）拙稿「デューイ芸術的経験論に見る表現内容としての性質（quality）の捉え方についての考察」（『日本デューイ学会紀要』第四三号、二〇〇六年）、一二一-一二七頁。

（8）J.Dewey., *Art as Experience, op. cit.* p.326. 鈴木訳、三六一頁。
（9）*ibid.*, p.326. 鈴木訳、三六一頁。
（10）*ibid.*, p.326. 鈴木訳、三六一頁。
（11）*ibid.*, p.326. 鈴木訳、三六一-三六二頁。
（12）*ibid.*, p.330. 鈴木訳、三六五頁。
（13）*ibid.*, p.330. 鈴木訳、三六六頁。
（14）*ibid.*, pp.330-331. 鈴木訳、三六六頁。
（15）*ibid.*, p.331. 鈴木訳、三六六頁。
（16）*ibid.*, p.331. 鈴木訳、三六六頁。
（17）*ibid.*, p.332. 鈴木訳、三六七頁。
（18）*ibid.*, p.332. 鈴木訳、三六八頁。
（19）*ibid.*, p.334. 鈴木訳、三六九頁。
（20）*ibid.*, p.334. 鈴木訳、三六九頁。
（21）*ibid.*, p.334. 鈴木訳、三六九-三七〇頁。
（22）和辻哲郎『風土』岩波書店、一九六七年、六二-一二〇頁。
（23）相賀徹夫編『日本大百科事典』小学館、一九八七年の「庭園」の項を参照した。
（24）田中久文は、著書『日本美を哲学する』（青土社、二〇一三年）のなかで、「日本庭園の空間性・時間性」という内容を取り上げ、和辻哲郎は著書『桂離宮』で「桂離宮を例にして、日本の庭園というのが、空間性・時間性への特別な配慮によって成り立っていることを明らかにしている」（一八四-一八五頁）と述べている。

(25) 一柳　慧「Holism―音楽の多様性―」（日本学校音楽教育実践学会、第一四回全国大会　ワークショップ「現代音楽の教材開発」、二〇〇九年八月）における講演内容による。
(26) J.Dewey *Art as Experience, op. cit.*, p.335. 鈴木訳、三七一頁。
(27) *ibid.*, p.335. 鈴木訳、三七〇-三七一頁。
(28) *ibid.*, p.335. 鈴木訳、三七一頁。
(29) *ibid.*, p.336. 鈴木訳、三七一頁。
(30) 和辻哲郎『風土』岩波書店、一九六七年、六二-一二〇頁。
(31) J.Dewey *Art as Experience, op. cit.*, p.336. 鈴木訳、三七二頁。
(32) *ibid.*, p.336. 鈴木訳、三七二頁。
(33) *ibid.*, p.336. 鈴木訳、三七二頁。

第十章　芸術的経験論における「美」の捉え方の特徴

はじめに

第十章は、「プラグマティズムにおける美と美学」の問題をデューイ芸術論に限定し、これの美の捉え方の特徴を、特に状況の質（quality）と表現内容としての質（quality）に注目して見ようとするものである。

デューイの芸術論における美（the esthetic）の捉え方の特徴は、第一に、他の芸術論と異なり芸術作品のみではなく、人間の生活経験に美の発生を認め、日常の経験と芸術作品との連続性を強調するところにある。第二に、知的経験を含めあらゆる経験が「一つの経験」になるには単一の性質によって整えられ「美的経験」とならなければならないと言い、芸術的経験だけでなく他の経験にも美を認めるところにある。

シュスターマン（R.Shustermann）は、デューイ美学の特徴について8項目を挙げ、その第2と第4項目で上記に示した特徴を次のような意味で述べている[1]。

2．デューイは、美は日常経験と連続するものであり、それを拡大、深化させるものであると見る。

4．デューイは、科学と芸術という対立に意味があるのではなく、科学の根底にも美的経験が存在すると見る。

そこで、デューイ芸術論における美の従え方の特徴を探るために、デューイの経験論を次の三つの次元に区別し、そこでの美の発生と発展性を「質」との関連でたどってみたい。

一　経験としての状況と美
二　「一つの経験」と美
三　芸術的経験と美

一　経験としての状況と美

(一)　反射弧理論と美

デューイの「反射弧」の理論は、ワトソンの行動主義のように行動を刺激に対する反応と捉えること、すなわち刺激を無目的受動的なものとして捉えるという立場を取らず、有機体は、環境に反応しながら能動的に刺激を選択するという立場となる。つまり「反射弧の理論に基づくと、生物体の環境への適応（adaptation）は単なる受動的適応ではなく、能動的適応となる。[2]」このデューイの「反射弧」の理論の中に美の発生はあると言えよう。有機体は、環境との有機的相互作用において自らを維持増進するために、能動的に適応する。能動的に適応することは、環境に差別的に反応することである。その差別的に反応するときの能力は、有機体の感受性や知覚である。有機体は、この感受性や知覚によって環境に差別的に反応し満足の状態をつくる。この時、有機体の経験に自分らしいリズムがあると感じたり、そのリズムが一つのまとまりを持って感じられたりするときそこには美が具わっていると、デューイは見るのである。

デューイは、この有機体と環境との相互作用において独特なリズム（経験における不均衡―均衡回復―満足）が具わるときに美の発生を認める。このような美が生まれる経験の状況には、「経験におけるリズム」と「状況に具わる質」が関わっている。

(二) 経験におけるリズム

「経験におけるリズム」とは、次に示すように有機体の不均衡を均衡の状況に回復することを指す。「ある活動のバランスが乱されるとき（つまり何かの要素が多すぎるか少なすぎるとき）客観的意味での欲求、充足（あるいは満足）があらわになる。構造の分化とそれに見合う活動の分化が大きくなるほど、バランスをたもつことがむずかしくなる。実際、生きるということは、不均衡と均衡回復の絶えざるリズムであるとみなしてよい。『高等な』有機体ほど、均衡の乱れが重大なものとなり、それを回復するために必要な努力とエネルギーのいる（そして長引くことの多い）ものとなる。均衡の乱れの状態から欲求が出てくる。均衡回復への動きが追求と探究である。回復は、充足もしくは、満足である。(3)」

経験の均衡が破れる。すると有機体は環境に働きかけ、有機体に適する素材を選択し均衡を回復する。その結果、有機体の生命は維持され増進される。この経験すなわち有機体と環境との相互作用における不均衡―均衡回復―満足というリズムをもつとき、そこに美が具わるとデューイは見る。(4) そして、この相互作用としてのリズムを経験全体として背後で支えているのが「状況に具わる質」である。

(三)　状況に具わる質

1　経験と状況

経験は、有機体と環境との相互作用によって成立する。その経験の成立には、全体的に見たときに或る「状況」(situation) が造られている。そして、その経験としての「状況」には、有機体が持つ過去の経験や興味といった主観的な条件と周囲の環境が持つ客観的条件とが互いに絡み合っている。この「状況」について、デューイは次のように説明する。「『状況』ということばのさすものは、単一の対象や出来事ではなく、一連の対象や出来事でもない。われわれは決して対象や出来事を切り離して経験したり判断したりすることはなく、つながりのある全体のなかでしかそうしないからである。こういうつながりのある全体がいわゆる『状況』である。[5]」「状況」とは、主観的な条件と客観的な条件が二元的に区別されているものではなく、両者が不可分の様相にあるものを言う。

2　状況と質

デューイは、「状況」には「質」が浸透し、それの機能によって経験が一つのまとまりのあるものになると次のように言う。「状況が一つの全体であるのは、状況のもつ直接的な広く行きわたった質による。[6]」「状況」は、有機体の持つ経験と周囲の環境の持つ条件によって造られるもので、従って、この状況に具わる「質」も有機体と周囲の環境との相互作用によって生じるもので、そこには有機体の行為も包含されていると言える。

そして、この「状況」の「質」は、「質的全体として感覚され、感じられる[7]」もので、それは、例えば「現実の状況を特徴づける苦しい質や楽しい質」で、「ことばでは表現できない独特なもの[8]」(第三性質) である。状況の質とは、苦しい、困った、楽しい、やるせないといったもので、「堅い」といった岩の性質（第二性質）とは違う。つまり、状況における質は、ある特定の物質の感覚的質を指すのではなく、楽しい、困った、苦しいなどと「経験にふくまれるあらゆる対象や出来事に行きわたり、それらを色付けるものである。[9]」

３　質の機能　この「状況」の「質」は、状況のなかで、要素を一つの全体的なものにまとめる機能をする。「広く行きわたった質的なものは、すべての要素をひとつの全体にまとめあげるだけでなく、独特の質をもっている。それは各状況を独自の、分割することも重複することもできない状況にする。[10]」このような状況に具わる「質」のことを、デューイは「美的性質」（esthetic quality）あるいは「感情的性質」（emotional quality）とも言っている。なぜなら、「美的性質」あるいは「感情的性質」は「ものを動かし凝集する力[11]」を有しているからである。この性質によって、「同質的なものを選び出し、選び出したものを自己の色彩で彩り、それによって外的には異質的な似てもにつかないものに、性質上の統一を与えるのである。[12]」状況に具わる質によって、異質な素材に質的な統一を与え、そうすることによって経験を独自の全体としてまとめ上げるとき、そこには美が宿るとデューイは見ている。

以上、「経験としての状況」の次元においては、次のような特質が見られるとき、デューイは、美が宿るとみなしていると言えよう。①有機体と環境との相互作用において、不均衡―均衡回復―満足というリズムを持つとき。②質的状況において、環境にある異質の素材に質的統一を与え、経験を独自の全体としてまとめ上げたとき。

二　「一つの経験」と美

ここでは、直接的で無意識の経験を反省した「一つの経験」と美の関連を見る。経験とは、生命と環境との相互作用である。だから、経験は絶えず行われている。人間の自我にはこうした相互作用の過程で外界との間に抵抗しながら情緒と観念で彩り、そしてそこに意識的な意図が生まれる。[13] しかし、経験をしても、その経験はしばしば未完成に終わり、それが「一つの経験」(an experience) として完成しないことが多い。それはいつ始まったのか分からないような経験や習慣に拘束され機械的にしか結びつかない経験等である。これらの経験は、「一つの経験」を構成するに至らない経験であり、われわれの生活の大部分をしめている。デューイはこのような経験を「美的でない経験」(nonesthetic experience) と言う。[14]

では、「一つの経験」を構成する「美的経験」とは、どういう経験を指すのか。デューイによるとそれは、われわれの生活の中で思わず「いい経験だった」と思い出すことのできる経験のことであると言う。[15] これらの経験は、それ以前のこととそれ以後のことが截然と分離されきわたっている。この統一された経験は、だらだらした日常の経験の中で山の峰のようにきわだち、区別される。デューイは、この統一された経験を「正常な経験[16]」(normal experience) あるいは「美的経験[17]」(esthetic experience) とよび、それらの経験に当たるものが「知的思索的経験」「宗教的経験」「芸術的経験」「道徳的経験」「実践的経験」等の反省的経験となる。

(一)　「正常な経験」の特質

そこで、「正常な経験」に共通にある特質を探る。

1　連続性を持つ　「正常な経験」は、発端から展開、高調、結末へ連続性 (continuity) を持ち、一つの統一へとまとめられたものである。「継起する各々の部分は次に起こるものの中に淀みなく流れ込む、そこには切れ目もなく、無内容な空虚な個所もない。同時にまた、各部分は自己同一性を失いはしない。池と違って川は流れる。[18]」経験の連続性とは、川のような流れが経験に具わっていることである。

2 認識的である　経験には、認識（perception）がなければならない。なぜなら、経験は外界に働きかける作用と外界の働きを受ける作用、つまり、能動と受動とが関連して行われるところに成立するからである。つまり、「経験するには、行為とその結果を認識の中で結びつけなければならない。」[19]

3 想像的である　「美的経験は想像的（imaginative）である。」[20]美的経験とは、きわ立った美的経験といえる「芸術的経験」だけを指すのではなく、あらゆる「正常な経験」を意味している。経験は、過去の経験からくみとった意味がその中に加味されるときのみ意識的となり認識的となる。デューイは、「この過去の経験から得た意味が、現在の相互作用に到達するその唯一の道が想像である」あるいはむしろ「新しいものと旧いものとの意識的調整が即ち想像である」[21]と言う。

4 感情的性質がある　「完全な経験は統一性がある。」[22]この「統一性がある」とは、この経験は単一な性質によって統一されているということである。このことは、例えば「知的思索的経験」は、知的性質で全体が統一されていると共に「感情的でもある」ということである。これはどういうことか。それは、あらゆる経験がこの「感情的性質」（emotional quality）がないとまとまった一つの経験とはならない。例えば、知的探求をなすにもこの「感情的性質」が有意義な動機となるということだけでなく、この性質をもって仕上げない限り、その活動は内的統合と完成を有するものにならないということである。

では、この「感情的性質」は、経験の中でどのような働きをするのか。経験は、いかなる経験であろうとある個所から出発して、やがて停止する場所と状態に向かって進む。即ち、経験は終局へ向かって進む。デューイは、このような発展的経験の中で組織されるべき素材を多くの素材の中から「細心に取捨選択する」のが「感情的性質」の働きであると言う。[23]そして、この「感情的性質」によってはじめて経験は目標までの筋道をたどり、問題は申し分なく結論され「一つの経験」となり「美的」となると言う。デューイは、どのような性質の経験であろうとも「情緒的性質」によって、その経験の有機的組織化に適した素材を取捨選択し、統一性を具えた「正常な経験」を「美的経験」と言い、「情緒的性質」が欠け統一性を持たない経験を「不完全な経験」あるいは「美的でない経験」と言い前者と区別している。

(二)　知的経験と芸術的経験の違い

デューイは、知的経験を含めどんな経験であろうとそれ自身「美的性質」を持たなければ経験は統一されず結論されないと言う。では、一般に「美的経験」と認められている「芸術的経験」とそれらの経験とはどこが違うのか。デューイは、次の二つの点にその違いがあると言う。一つは、経験を構成する素材に違いがあると言う。「芸術の素材は質（quality）からなっているが、知的な結論をもった経験の素材は符号や記号である。[24]」そして後一つは、経験の結論に意味があるか、それとも経験を組織する部分の完成に意味があるかに違いがあると言う。「知的経験においては、結論はそれだけで価値がある」。だが、芸術の場合は、結論に意味があるのではなく、部分の結合によって一つの統一体を完成させるところに意味がある。例えば、科学においては「結論は一個の公式、または『真理』としてそこから取り出すことができ、そして、その他の研究の要素や手引きとして、そのまま単独に用いることができる。[25]」だが、芸術の場合は、小説、劇の主人公の結末に意味がないように、終極はそれだけで意味があるのではなく、もろもろの部分の完成として意味があるのである。

以上、デューイは、経験の中で「感情的性質」によって、その経験に適した素材を取捨選択し、統一性を備えた経験を「美的経験」とみなしている。そして、あらゆる経験が「感情的性質」によって経験に統一性が具わり美の刻印を得ない限り、経験は「一つの経験」として完結しないとも言い、「美」を「経験における質的統一性」という意味に用いている。

三　芸術的経験と美

知的経験と芸術的経験の違いは、経験を組織する素材の違いで区別された。そして、それらの経験を統一ある「正常な経験」にするには「感情的性質」が重要な役割をしていることが分かった。ここでは、われわれが環境に接し心が動かされ、その感情を文芸や絵画、音楽等の芸術として表現する「芸術的経験」と美の関係を探る。デューイは、芸術的経験について、その発端から表現に至るまでの過程を衝動性、表現、媒介物、イメージ、感情等の概念によってその特徴を描いている。

(一)　表現の過程

1　衝動性　デューイは言う。経験はすべて衝動性（impulsion）から始まると。[26] この衝動性とは、生活体の活動力となる欲求である。この欲求は、生活体が環境へ働きかけ外的事物を取り入れることによって充足される。

２　**表現**　デューイは、この衝動性を表現活動に変えるには、次の二つの変化がなければならないと言う[27]。ａ．衝助性は媒介物に働きかけ、衝動性そのものも形式を得、落ちつきを取り戻す。ｂ．他方では過去の経験は、日々の雑用のため色あせ、あるいは使用しないために鈍ってしまっていたが、新しい出来事に参加して新しい意味をおびる。この表現活動における「二つの変化」とは、衝動性は媒介物によって外的世界に具体物をつくり形式を得、そして、過去の経験は現在の経験に利用され新しい意味が加えられよみがえることである。さらにデューイは、衝動性を表現活動に変えるには、並存的反応と協力的反応（collateral and cooperative response）の二種の反応が行わなければならないと言う[28]。並存的反応は、画家やヴァイオリン奏者が表現意図を的確にするために長い時間をかけ技術を習得するように、前もって形成された運助神経的傾向を言う。

この並存的反応を持つことによって、表現者は素材や表現内容の意味を敏感に感じ取ることが出来、表現を完成へ向け進展できる。後者の協力的反応は、表現活動において、眼前の作品の中に現れる質と融合するような形で、過去の経験から引き出された意味と価値である。つまり、表現活動において現在の表現内容に融合する形で過去の経験から意味や価値が引き出されることである。

３　**媒介物**　衝動性という活動力を表現に変えるには、「媒介物」（medium）がなければならない。衝動性を泣いたり笑ったりして直接発散するのでは表現とならない。例えば、遠来の客を迎えるときの微笑や差し出した手、輝いた目つきは、歓待の気持ちを表現するための媒介となる。ここでの微笑、差し出した手、輝いた目つきは、歓待の気持ちを表す素材であり、これが結果的に表現としての媒介物となる。「素材が媒介として用いられるところにのみ、表現と芸術がある[29]。」

4　イメージの役割　イメージは「心像」と訳されるように、以前に知覚され感覚的性質を伴う対象についての心的表象を言う。そして、イメージは認識においては、「知覚対象と概念との中間段階」[30]にあり、それは、視覚イメージ、聴覚イメージ等と感覚の種類と同じだけある。では、デューイは表現活動の中でイメージの役割をどう捉えているのか。デューイは「心像（image）とは、発展していく客観物についての心像」であり、「音楽家、画家、建築家は、感情的観念を聴覚的心像、視覚的心像で仕上げる」[31]と言う。ここで言うイメージは、素材等の客観物についての心的表象となる。芸術活動は、その素材へのイメージによって表現活動を推し進める。衝動性は媒介となる素材に接することを契機に、自己の内には過去の経験で得たその素材へのイメージが湧き立つ。表現活動は、このような様々な素材についてのイメージによって推し進められ、また、その発展過程で個々の素材についてのイメージも変化していく。表現活動は、様々な素材についてのイメージによって推進されると言える。

(二)　芸術表現としての形式と実体

このような表現過程によって、芸術の「形式」（form）と「実体」（substance）が成立する。実体は、芸術の内容であり、形式は、その内容を形造るものである。この内容と形式が質の統一性において渾然一体となるときに美が生まれるとデューイは見るのである。

1　素材が媒介となり内容となり形式となる　芸術は、音、色彩、身体的働き、ことば等の媒介物の違いによって分類される。媒介物は、芸術家と認識者との間の仲介者となる。そして、自然的素材や人間関係の素材等、自然や社会に個々散々している素材が媒介として用いられるとき表現となる。

芸術には、それぞれに特定の媒介がある。この媒介が質的全体を伝えるのである。「われわれはこの眼で、海の緑を眼には属さず、海のものとして見、木の葉の緑とは質の違うものとして見る。そしてまた、岩の灰色とその上に生えている地衣類の灰色とはその質が違うものとして見て取る。すべて反省や検討を要しないで、ありのままの姿によって認識されるような事物においては、質とはその性質が意味するもののことである。即ちその質が属する事物のことである。芸術は、質と意味をいきいきさせて、この両者のこうした融合を高めかつ強める力をもっている。(32)」われわれは、海の緑を木の葉の緑とは異なる「感覚的質」（sense quality）として見て取る。従って、芸術の表現内容は、「感覚的質」（第二性質）である。

芸術は、自然の素材に具わる「感覚的質」を表現内容とし、それを媒介を通して表現する。そして、自然の素材が媒介となり表現の形式を形造る。デューイは、芸術的経験において、この内容と形式の諸要素の間に質的全一体として調和の関係が現れるとき、そこに美が生じると見る。(33)

2　状況に具わる「質」（第三性質）と芸術が直接の対象とする「感覚的質」（第二性質）との関連　芸術的経験においても、その経験には状況としての質（第三性質）が具わっている。この状況としての質の中で不均衡—均衡回復—満足の経験としてのリズムを造る。そして、そのリズムの過程で芸術的経験にふさわしい素材を選び、その素材を自己の色合いで彩り質的に統一のあるものにする。この時、芸術的経験としては自然の素材、すなわち、線、色、形など個々の事物に具わる感覚的質（第二性質）を扱うものとなる。従って、芸術的経験においては、経験における質的状況の過程で表現内容としての「感覚的質」を扱うこととなり、このような芸術的経験の特質が他の知的経験と比べ有機体と環境との相互作用の一体化を一層深めるものとなる。このことをデューイは、次のような言葉で表現している。「有機体と環境とがそれぞれの姿を失って完全に一体となるような経験をこの両者が協力して築き上げる、その協力して築き上げる程度だけ経験は美的となる。(34)」

まとめ

以上、デューイ芸術論に見る美の捉え方の特徴について、デューイの経験論を次の三つの次元、すなわち、

一　経験としての状況と美
二　「一つの経験」と美
三　芸術的経験と美

に区別し、そこでの美の発生と発展性を「質」との関連でたどってみた。

まず、「経験としての状況と美」の次元においては、次のように美を捉えていると言える。デューイは、経験としての状況において、①有機体と環境との相互作用において、不均衡―均衡回復―満足というリズムを持つとき、②質的状況において、環境にある異質の素材に質的統一を与え、経験を独自の全体としてまとめ上げたとき、美が宿るとみなしている。

次に、「『一つの経験』と美」の次元では、次のように美を捉えていると言える。デューイは、経験の中で「感情的性質」によって、その経験に適した素材を取捨選択し、統一性を具えた経験を「美的経験」とみなしている。そして、

あらゆる経験が「感情的性質」によって経験に統一性が備わり美の刻印を得ない限り、経験は「一つの経験」として完結しないとも言い、「美」を「経験における質的統一性」という意味として用いている。

最後に「芸術的経験と美」の次元では、次のように美を捉えていると言える。デューイは、芸術的経験において、内容と形式の諸要素の間に質的全一体として調和の関係が現れるときそこに美が生じるとみることから、美を「内容と形式における質的全一体としての調和」という意味としている。

以上からデューイは、美の概念を、人間が環境との有機的相互作用の過程で環境に差別的に反応し満足の状況をつくるという経験において、その状況に具わる統一性、全一性、一体化、調和感、リズムといった経験を経験として完成させる時の総括的な意味として捉えていると言えよう。

注

（1）R.Shusterman, "Why Dewey Now?", Symposium on John Dewey's *Art as Experience*, in Journal of Aesthetic Education, Vol.23. No.3. Fall 1989 pp.60-67.

（2）笠松幸一、江川　晃『プラグマティズムと記号学』勁草書房、二〇〇二年、六六-六七頁。

（3）J.Dewey, *Logic : The Theory of Inquiry*, LW, Vol.12, Southern Illinois University Press, 1984（1938）p.33. 魚津郁夫訳「論理学—探究の理論」（『世界の名著　59』所収）中央公論社、一九八〇年、四一六-四一七頁。

（4）J.Dewey, *Art as Experience*, New York : Capricorn Books, 1958（1934）. 鈴木康司訳『芸術論—経験としての芸術—』春秋社、一九六九年、一七頁。

（5） J.Dewey, (1938), *Logic : The Theory of Inquiry*, p.72. 前掲書、魚津訳、一九八〇年、四五五頁。

（6） *ibid.*, pp.73-74. 魚津訳、四五七頁。

（7） *ibid.*, p.74. 魚津訳、四五七頁。

（8） *ibid.*, p.75. 魚津訳、四五九頁。

（9） *ibid.*, p.75. 魚津訳、四五八頁。

（10） *ibid.*, p.75. 魚津訳、四五九頁。

（11） J.Dewey, (1934) *Art as Experience*, p.42. 前掲書、鈴木訳、一九六九年、四六頁。

（12） *ibid.*, p.35. 鈴木訳、三八頁。

（13） *ibid.*, p.42. 鈴木訳、四六頁。

（14） *ibid.*, p.44. 鈴木訳、四四頁。

（15） *ibid.*, p.36. 鈴木訳、三九頁。

（16） *ibid.*, p.13. 鈴木訳、一三頁。

（17） *ibid.*, p.38. 鈴木訳、五四頁。

（18） *ibid.*, p.36. 鈴木訳、三九頁。

（19） *ibid.*, p.44. 鈴木訳、四八頁。

（20） *ibid.*, p.272. 鈴木訳、三〇〇頁。

（21） *ibid.*, p.272. 鈴木訳、三〇〇頁。

（22） *ibid.*, p.37. 鈴木訳、四〇頁。

（23） *ibid.*, p.44. 鈴木訳、四三頁。

(24) *ibid.*, p.38. 鈴木訳、四一頁。
(25) *ibid.*, p.55. 鈴木訳、六〇頁。
(26) *ibid.*, p.58. 鈴木訳、六三頁。
(27) *ibid.*, p.60. 鈴木訳、六六頁。
(28) *ibid.*, p.97. 鈴木訳、一〇六頁。
(29) *ibid.*, p.64. 鈴木訳、六九頁。
(30) P・フルキエ、中村雄二郎・福井純訳『哲学講義1認識』筑摩書房、一九九七年、三八一頁。
(31) J.Dewey, (1934) *Art as Experience*, p.75. 鈴木訳、八二頁。
(32) *ibid.*, p.259. 鈴木訳、二八六頁。
(33) *ibid.*, p.130. 鈴木訳、一四二頁。
(34) *ibid.*, p.249. 鈴木訳、二七五頁。

終章　デューイ芸術的経験論から導出する芸術教育論
――生成の原理による芸術教育哲学――

終章では、第一章から第十章において論究したデューイ芸術的経験論の要点を纏め、そこから、生成の原理による芸術教育哲学、就中音楽教育の原理を導出する。

一　デューイ芸術的経験論の要点

(一)　哲学の立場

デューイ哲学は、自然主義的経験論で、その哲学の立場は、自然（物質）と精神（人間）とは連続しているという「一元論」である。無生物、生物、人間は、自然において相互作用としての経験をする。人間は、調和としての経験において、不安・問題を持つと反省的思考を介して自然との相互作用を行い、不安・問題の解決をする。その結果、自然の中で精神を持つ人間は、区別される。この中で、自然との調和を保っている経験を一次的経験と言い、反省的思考を伴った経験を二次的経験と言う。この反省的思考を伴った経験の一つが芸術的経験となる。

(二) 「自然」の捉え方

デューイが捉える「自然」とは、われわれの日常的な生活経験において触れ経験しているところのものである。この経験は、習慣的・前意識的であり、また、気分・感情などが混在しており、反省的思考によって経験を意識することがないという特性を持つ。しかも、この経験は、質 (quality) に満ちている。その質は反省的思考が伴うとそれは第一性質、第二性質、第三性質に分けられる。第一性質は、状況・事態や事物の相互の間の諸関係 (relations) を記述・表示したものである。(質量、延長、運動に関する諸特性)。第二性質は、赤さ、白さ、熱さ、固さ、雑音、調音等、事物と有機体(人間)との相互作用の中でわれわれが直接的に感じ取れるものである。(感覚的質)。第三性質は、例えば、画家の絵画制作において色・線・形などの構成要素によって美的満足のいく表現が得られたときのような、経験の状況が全体として帯びるところの性質を言う。(情緒的、美的あるいは道徳的な種類の性質)。この中で芸術的経験が直接対象にするのは、第二性質であり、この第二性質を芸術的表現によって美的満足の得られるような経験(第三性質)にするものとなる。

(三) 芸術的経験

芸術的経験は、われわれの日常の経験が発展したもので、この日常の経験の中で経験する自然の感覚的質(第二性質)を外的素材を通して構成し表現する活動である。そのとき経験に伴うリズム(環境との合一を喪失し、再度合一を取り戻すこと)が大きな役割をする。自然の感覚的質の意味を外的素材を通して芸術へと表現する中で衝動・感情・感覚器官・筋肉系統を含め、これらの上部構造となる脳・意志・知性といった、生物としての全存在が関連し、合一がなされ、この合一が芸術の高みをつくる。

このように、芸術的経験は、日常の経験の中で経験する感覚的質を外的素材を通して表現することで、この外的素材とそれまでの経験によって形成された精神とが融合される経験である。つまり、芸術的経験は、われわれが外界から受け取るものとわれわれが働きかけるものとの相互作用の中で表現を創る経験で、この経験の過程で自然と精神が融合・統一されるものになるのである。

一次的経験に反省的思考が伴い、不安・問題が申し分なく結論された「一つの経験」(an experience) が二次的経験となる。二次的経験は、芸術的経験や知的経験や道徳的経験等の価値的経験を言う。この「一つの経験」、言い換えると価値的経験には、共通に次のような特質が具わる。

(四)「一つの経験」(価値的経験) の特質

1　連続性を持つ　「一つの経験」は、発端から展開、高調、結末へ連続性 (continuity) を持ち、一つの統一へとまとめられたものである。「一つの経験」は、過去の経験を資本にし、経験の各々の部分は次に起こるものの中に淀みなく流れ込み、連続される。そこには切れ目もなく、無内容な空虚な個所もない。同時にまた、各部分は自己同一性を失いはしない。このように、「一つの経験」には、連続性が具わっている。

2　認識を伴う　経験は外界に働きかける作用と外界の働きを受ける作用、つまり、能動と受動とが関連して行われるところに成立する。従って、「一つの経験」には、行為とその結果を意識の中で結びつけるという認識 (perception) が伴っている。

3　想像的である　経験は、過去の経験からくみとった意味がその中に加味されるときのみ意識的となり認識的となる。この過去の経験から得た意味が、現在の相互作用に到達するその唯一の道が想像である。想像力の働きは、経験の連続性の観点からは、経験の過去・現在・未来を連続させ、また、現前する事物と想像的にのみ知られる理想とを結合することをし、経験の相互作用の観点からは、感覚的質となる外部要素の経験と感情・意味などの内部要素の経験とを融合・統一して、新たな経験にする。このように、想像力は様々な経験を一個の統一体にし、新たな経験にする働きがある。従って、「一つの経験」は想像的（imaginative）である。

4　感情的性質を伴う　「一つの経験」は、「感情的性質」（emotional quality）が伴い統一性がある。「感情的性質」は、発展的経験の中で組織されるべき素材を多くの素材の中から「細心に取捨選択する」働きをする。この「感情的性質」の働きによって、経験は単一な性質となり経験が統一される。

「感情的性質」によってはじめて経験は目標までの筋道をたどり、問題は申し分なく結論され「一つの経験」となり「美的経験」となる。デューイは、どのような性質の経験であろうとも「感情的性質」によって、その経験の有機的組織化に適した素材を取捨選択し、統一性を具えた経験を「一つの経験」と言い、「感情的性質」が欠け統一性を持たない経験を「不完全な経験」あるいは「美的でない経験」と言い前者と区別している。

㈤　知的経験と芸術的経験との相違

知的経験を含めいかなる経験であろうとそれ自身「美的性質」をもたなければ経験は統一されず結論されない。では、一般に「美的経験」と認められている「芸術的経験」と「知的経験」とはどこが違うのか。その違いは、次の二つの点にある。一つは、経験を構成する素材に違いがある。芸術は、例えば音楽は音、絵画は色彩、彫刻は石や木材、ダンスは身体を媒介としているように芸術の素材は質（quality）からなっている。これに対し、知的な結論をもった経験の素材は符号や記号である。そしてあと一つは、経験の結論に意味があるか、それとも経験を構成する部分の完成に意味があるかに違いがある。知的経験においては、結論はそれだけで価値がある。だが、芸術の場合は、結論に恵味があるのではなく、部分の結合によって一つの統一体を完成させるところに意味がある。従って、知的経験と芸術的経験の相違は、一つは経験を構成する素材に違いがあることと、あと一つは、経験の結論に意味があるか、経験を構成する部分の完成に意味があるかに違いがある。

㈥　表現の過程

では、日常の生活経験、すなわち一次的経験において不安・問題を感じ、それを発展させた二次的経験としての芸術的経験は、どのような過程で「一つの経験」となり表現が完結するのか。このことは、芸術的経験の発端から表現に至るまでの過程を衝動性、表現、媒介物、イメージ、感情などの概念によって描かれる。

1　衝動性　経験はすべて衝動性（impulsion）から始まる。芸術的経験も衝動性から始まる。衝動性とは、生活体と環境との相互作用においての不安・疑問を起点とするもので、生活体が不安・疑問を解消するための活動力となる欲求である。この欲求は、生活体が環境へ働きかけ外的事物を取り入れることによって充足される。

2　表現　この衝動性を表現活動に変えるには、経験に次の二つの変化がなければならない。一つは、衝動性は媒介物に働きかけ、衝動性そのものも形式を得、落ちつきを取り戻すことで、あと一つは、過去の経験は、日々の雑用のため色あせ、あるいは使用しないために鈍ってしまっているものが、この表現活動の新しい出来事に参加して新しい意味をおびることである。これらの表現活動における「二つの変化」によって、衝動性は媒介物によって外部世界に具体物をつくり形式を得、そして、過去の経験は現在の経験に利用され新しい意味が加えられ蘇ることとなる。

さらに衝動性を表現活動に変えるには、「並存的反応と協力的反応」(collateral and cooperative response) の二種の反応が伴う。並存的反応は、画家やヴァイオリン奏者が表現意図を的確にするために長い時間をかけ技術を習得するように、前もって形成された運動神経的傾向を言う。この並存的反応をもつことによって、表現者は素材や表現内容の意味を敏感に感じ取ることができ、表現を完成へ向け進展できる。後者の協力的反応は、表現活動において、眼前の作品の中に現れる質と融合するような形で、過去の経験から引き出された意味と価値に反応することである。

3　媒介物　衝動性という活動力を表現に変えるには、「媒介物」(medium) がなければならない。衝動性を泣いたり笑ったりして直接発散するのでは表現とならない。例えば、遠来の客を迎えるときの微笑や差し出した手、輝いた目つきは、歓待の気持ちを表現するための媒介となる。ここでの微笑、差し出した手、輝いた目つきは、歓待の気持ちを表す素材であり、これが結果的に表現としての媒介物となる。このように、表現活動には、表現内容に適した媒介物が必要となる。

4　イメージの役割　イメージは「心像」と訳されるように、以前に知覚され感覚的質を伴う対象についての心的表象を言う。芸術的経験においては、素材へのイメージによって表現活動が推進される。衝動性は、媒介となる素材に接することを契機に、自己の内には過去の経験で得たその素材へのイメージが湧き立つ。表現活動は、このような様々な素材についてのイメージによって推し進められ、また、その発展過程で個々の素材についてのイメージも変化していく。

(七) 芸術表現としての形式と実体

このような表現過程によって、芸術の「形式」(form)と「実体」(substance)が生成される。実体は、芸術の「内容」(matter)であり、形式は、その内容を形造るものである。この内容と形式が質の統一性において渾然一体となるときに一次的経験が「一つの経験」となり、価値的経験としての二次的経験である芸術的経験となる。

芸術的経験においては、素材が媒介となり内容となり形式となる。芸術的経験においては、自然的素材を媒介として表現する。その際、この自然に個々散々している素材に具わる「感覚的質」(sense quality)が表現の内容となる。これらが発展的経験の中で「一つの経験」としての条件を備え内容が統一された全体を形成するとき、そこに自ずと形式が備わるものとなる。それと、形式の生成には、リズム(環境との合一を喪失し、再度合一を取り戻すこと)が大きな役割をする。デューイは、芸術的経験において、この内容と形式の諸要素の間に質的全一体として調和の関係が現れるとき、そこに美が生じると見る。

(八) 芸術的経験における表現内容

芸術活動は、例えば、S・K・ランガーは、「芸術は、人間感情(feeling)を表現する知覚可能な形式を創造する営みである。」(1)と定義しているように、一般に感情が表現内容と見なされている。ところがデューイの芸術的経験論によると、芸術的経験における表現内容は、感情ではなく「質」となる。ここでいう質とは、自然の素材に具わる感覚的質が資源となる。自然の素材に具わる感覚的質は、例えば、赤さ、白さ、熱さ、固さ、調音、雑音、甘さ、辛さといったものをわれわれが五感で感じ取るものを言う。音楽は、音色・リズム・旋律・テクスチュア・形式・速度・強弱を表現素材にし、反復・変化・対照・調和等の手法によって構成・組織化することによって、これら表現素材に伴う音色の明るさと暗さ、冷たさと暖かさ、音量の拡がりと収縮、強弱の強いと弱い、旋律の上行と下行、速度の速いと遅いといった感覚的質によって、「高揚と低下、前進と後退、加速度と減速度、緊張と弛緩、急激な突進とおもろな浸透などの本質」を作り、物理的な時間と異なる質的時間を表現する。芸術は、素材に備わる感覚的質（第二性質）を内容とし、それを価値的経験としての「一つの経験」として表現を完結させたときに、例えば「激しい感じ」「重厚な感じ」「重苦しい感じ」「牧歌的な感じ」「どっしりとした感じ」というような「質」（質的全一体）を内容として表現するのである。

先に述べたように、表現活動における感情の役割は、その表現に適した素材を選択することにある。つまり、感情の役割は、空間的に個々散々している多くの事物から或る内容を抽き出し、こうして抽象したものを凝集して一個の対象物に築き上げる、即ち先にはこれらの事物にそれぞれ所属していた価値を集約して一対象物に作り上げる働きをする。感情は散らばっている多くの素材の中から内容を抽き出し、この抽象したものを「一つの経験」へ向け発展的に凝集する働きをするのである。しかし、芸術活動において感情は、表現の内容ではない。表現の内容は「質」である。素材に具わる感覚的質が感性によってその価値が捉えられ、その質が芸術の表現内容となるのである。

二　デューイ芸術的経験論から導出する芸術教育論——生成の原理による芸術教育哲学——

(一)　芸術の定義

芸術は、われわれの日常の経験が発展したもので、この日常の経験の中で経験する自然の感覚的質を基にこれを外的素材を通して構成し、形式と内容の生成によって「質」（「質的全一体」）を表現するものである。

(二)　生成の原理

デューイの自然と精神の融合・統一としての「一元論」の哲学は、芸術的経験に典型的に見られる。このデューイの「一元論」哲学から芸術教育の原理として、「生成の原理」（the principle of generation）が導出される。すなわち、これは日常の経験の中で経験する感覚的質の意味を自然の素材（媒介）を通して、外部世界に芸術として作品を形作り（形式と内容の生成）、その過程で内部世界（衝動性・感情・意志・知性等）が再構成（生成）され、自然の素材と精神の融合・統一としての美的経験を得るという原理である。

芸術的経験によって外部世界に作品を生成し、その過程で内部世界を生成することが芸術教育としての「生成の原理」で、その本質は芸術的経験による学習者の内部世界と外部世界の二重の変化にある。これを音楽教育に適用すると、学習者が音楽の素材との相互作用の中で外部世界に作品を生成し、それと相関して内部世界が生成されるという構造になる。日常の経験の中で経験する感覚的質の意味を音楽的素材を通して外部世界に作品を生成し、それと相関して内部世界が生成される。これが「人間的成長」となる。従って、この「生成の原理」によって経験の二重の変化を期待し、それがもたらされるところに学校で芸術教育、就中音楽教育を行うことの意義がある。

(三)　生成の原理から導出される芸術教育の指導内容

この生成の原理から芸術教育の指導内容が導出される。芸術は、自然の素材に具わる感覚的質を芸術の媒介（音、色彩、身体等）を通して形作ることで、例えば「激しい感じ」とか「どっしりとした感じ」という質的内容を表現し、これを誰もが知覚できるようにしたものである。拙稿で提案しているように、[2]音楽においてはこれを音楽の諸要素による組織化によってする。まず、媒介となる音楽の諸要素に具わる感覚的質、例えば、音色の明るさ・暗さ、速度の速い・遅い、強弱の強い・弱い、旋律の上行・下行、音の重なりによる重厚さ・周密さ、形式や構成の様々な変化等によって表現を組織化し具体化する。この音楽の諸要素とその組織化によって音楽の形式、すなわち形式的側面が生成される。これらをわれわれは、知覚し識別する。次にこれらの音楽の諸要素に具わる感覚的質の組織化によって、例えば「激しい感じ」といった質としての内容、すなわち内容的側面が生成される。この内容的側面は、実際は、曲想・特質・雰囲気等となり、これをわれわれはイメージや感情を伴って感受する。

そして、これら音楽の形式的側面と内容的側面は、ある人々の思想や感性によって創造され、そこには、その人々が育った風土・文化・歴史等が背景にある。これは、音楽の文化的側面となる。さらに、以上の形式的側面と内容的側面、文化的側面からなる音楽を具体的に表現として形造る時には、そこには技能が求められ、表現のための技能が生成される。これは、音楽の技能的側面となる。これらの音楽科の指導内容の諸側面は、実際には一体となっているが、これを分析的にとらえるとき区別される。

以上の生成の原理から導出した音楽科の指導内容を整理すると次のようになり、これらの音楽科の指導内容がカリキュラムの内容を構成するものになる。

①音楽の形式的側面（音楽の諸要素とその組織化）
②音楽の内容的側面（音楽の質、曲想・特質・雰囲気）
③音楽の文化的側面（風土・文化・歴史）
④音楽の技能的側面（表現の技能、鑑賞の技能（批評））

(四) 生成の原理による音楽科の学習方法

生成の原理による音楽科の学習方法は、次のようになる。[3]

創作活動は、音楽表現の素材となる音楽の諸要素、すなわち音色・リズム・旋律・テクスチュア・形式・速度・強弱等に働きかけ、それらを変化させながらそこに伴う感覚的質を知覚・感受し組織化することで、外部世界に質的表現を生成する。そして、それらの組織化から生まれる新しい音楽の質をイメージや感情を伴って感受することで、音楽的経験を再構成し内部世界を生成する。

次に演奏活動は、音楽の諸要素、すなわち音色・リズム・旋律・テクスチュア・形式・速度・強弱等やそれらが組織化されたものに声や楽器の技能を通して働きかけ、諸要素に伴う感覚的質や組織化された音楽の質を知覚・感受することで、外部世界に形式的側面と内容的側面によって演奏表現を生成する。そして、それらの表現から生まれる音楽の質をイメージや感情を伴って感受することで、音楽的経験を再構成し内部世界を生成する。
鑑賞活動は、鑑賞教材にみられる音楽の形式的側面となる諸要素を知覚するとともに、それらの組織化から生み出される質、すなわち音楽の内容的側面をイメージや感情を伴って感受したこと。また、その音楽の背景となる文化的側面について理解したことを、身体や批評文によって外部世界に表現を生成することで、知覚・感受・イメージ・感情といった内部世界を生成する。

以上のように、生成の原理による音楽学習を展開するには、表現（創作・演奏）や鑑賞の対象となる音楽の諸要素を知覚し、それらの組織化によって生み出される質をイメージや感情を伴って感受する学習を中心にして、外部世界と内部世界が相互作用しながらこの両側面が生成されるという状況をつくることとなる。このように、生成の原理による音楽学習、すなわち、表現や鑑賞の活動によって外部世界と内部世界が相互作用し、この両側面が生成されることによって、はじめて子どもの感性・イメージや感情等の内部世界の育成が可能となる。

三　ポストモダンの現代における芸術教育

(一)　自然の経験としての量と質の次元

デューイの捉える自然は、われわれが自然との相互作用の中で経験するもので、それは質に満ちており、反省的思考が伴うと第一性質、第二性質、第三性質に分けられる。第一性質は、情況・事態の事物の相互の関係で捉えたもので、抽象化・概念化できる量の次元である。第二性質は、赤さ、白さ、熱さ、固さ、調音、雑音、甘さ、辛さ等、われわれが事物との相互作用の中で直接的に感じ取る感覚的質で、これは芸術的表現の対象となり、芸術的経験によって質的統一として表現される。第三性質は、例えば芸術的経験によって「激しい感じ」とか「どっしりとした感じ」というように質的表現を実現したときのように経験の情況が美的満足の得られるようなものである。

われわれは、紅葉したイチョウやモミジ並木道を通るとき、木の葉の色や木の葉が足下にひらひらと落ちる音などを五感で感じ取るという経験をする。ここには、光の波長や音の空気振動の変化としてわれわれが知覚している内容以外に感性でしか経験できない質の次元がある。

色彩を光の波長として音を空気振動として捉え、自然の性質を定量化し認識するのが科学の世界で、自然の性質の中の質の次元を感性的に捉え、それを人々が知覚できるように表現するのが芸術の世界である。近代科学は、自然の性質の中で量として捉えられる次元のみを対象とし、質の次元は除外してきた。

(二) 近代の科学主義の認識観

ところで、近代の科学主義の思想は、自然と精神を分離し、自然を物質と見なし、これを要素に分けて実験と観察によって情報を定量化することによって、知識を得るという考え方であった。この自然と精神とを分離して捉えるとする「二元論」と「要素還元主義」の思想においては、(4) 定量化できる自然の性質のみを科学の対象とし、自然の性質でも定量化できない質の次元は科学の対象外に置いてきた。それゆえ、認識様式においても理性的認識のみを認め、質の次元の認識において主役となる感性的認識を一段低くみてきた。そして、理性的認識の能力は、主に知性・理性・概念・論理というものが関わり、その認識は、客観性・普遍性・合理性に、これに対し感性的認識の能力は、主に感性・直観・イメージ・感情が関わり、その認識は主観性・個別性・非論理性に特徴があると見なし、認識能力についても二元論的に区別した。

このような認識観から近代の学校教育においては、人間の認識や能力についても科学的認識に必要とされる理性的認識の育成を重視し、そして、それの能力を育成することのできる教科を重視してきた。つまり、理性的認識に求められる知性・理性・概念・論理といった能力を育成することから、カリキュラムの中でも言語や科学の教科を主要教科とみなし、重視してきた。これに対し芸術教科は、直接的にはこのような能力の育成には関与しないという考え方から、副次的な教科と見なされてきた。

㈢　科学重視の認識観・教育観の結果

以上のような「二元論」と「要素還元主義」に基づく科学主義の認識観・教育観の中でわれわれの生活は、どうなったのか。科学とテクノロジーの発達によって、日本を含め先進諸国は総じて物質的に豊かになったと言われる。だが、一方には、地球温暖化や環境破壊、原子力発電所の事故などの人間の生存を危険に陥れるような様々な現象が見られる。また、社会的環境の変化からもたらされる青少年の問題行動や心の問題などが露呈し、多くの人々は生きることへの不安を持つようになったと言える。

これらの先進諸国にみられる現象は、科学主義の認識観・教育観からわれわれの頭脳を含め、社会制度等、人間の価値観や生活環境がことごとく科学一辺倒になった結果と言えよう。つまり、近代においては、自然の性質でも定量化できる次元のみを取り上げ、それの知識化によって科学・技術を発展させ、定量化できない質の次元は無視してきた。そのために、知的科学的経験を重視し質の認識となる芸術的経験を無視してきた。先に指摘した日本を含め先進諸国の様々な現代的な問題は、この二つの認識様式のバランスが崩れていることの結果と見なされよう。

(四)　芸術教育による質の経験

デューイ哲学によると人間は自然の一部であり、人間の精神は自然と連続しているということになる。人間は、自然との相互作用としての経験をする。その自然との相互作用において、不安・問題を持ち、反省的思考が伴うと、それが、知的科学的経験となり芸術的経験となる。知的科学的経験と芸術的経験の違いは、一つは経験を構成する素材にあり、あと一つは経験の結論に意味があるか、それとも経験を構成する過程に意味があるかにある。また、知的科学的経験と芸術的経験の能力は、前者が知性・理性・概念・論理で後者が感性・直観・イメージ・感情と截然と区別できず、いずれの能力も関わっている。ただし、前者は記号・符号等のシンボルで思考し、後者は音や色等の質を伴う自然の素材で思考しているというところに違いがある。

D・M・スローンは、デューイが芸術論等で主張した質の理論から、科学という自然の質でも数量化できる側面を拾いあげる知の様式を「量的な知の様式」(the quantitative way of knowing) とし、これに対し芸術等によって自然の質を直接的に知る知の様式を「質的な知の様式」(the qualitative way of knowing) とし、後者の重要性を指摘している。(5)

筆者は、概念的科学的経験において主要な能力となる知性・理性・概念・論理を「科学の知」とし、これに対し感性的芸術的経験において主要な能力となる感性・イメージ・直観・感情を「芸術の知」と命名し、思考力育成における「芸術の知」の重要性を主張した。(6) そして、その後、筆者はこの「芸術の知」は、「感性・イメージ・直観・感情等の世界の意識と能力の特性を表す用語」と定義し直し、この「芸術の知の能力は、数量では捉えられない『ものの性質を扱い』性質を捉えることができるのである」とし、質を認識する能力の重要性を主張した。(7)

ポストモダンの現代においては、この自然の性質の二つの次元、すなわち、量の次元と質の次元を経験できるようにすることが求められる。量の次元の経験は、知的科学的経験となり、虹の七色を明度によって区別するように、記号・符号で思考し、状況・事態や事物の相互間の関係を記述・表示するものとなる。質の次元の経験は、芸術的経験となり、自然の性質でも、赤さ、白さ、熱さ、固さ、調音、雑音、甘さ、辛さ等の感覚的質を音、色彩、身体的動き等の媒介を通して質として表現し、想像力によって自然の物質と精神との合一を求めるものである。

この二つの経験様式によって初めて人間は、自然との相互作用としての経験が十全となり、世界を経験する経験様式が獲得できる。従って、このような考え方を実現するには、学校の芸術教科の教育において、「生成の原理」、すなわち、外部世界に素材を通して表現を形づくり（生成）、内部世界の精神を再構成（生成）するという芸術的経験論によって、自然の性質でも「質」の次元が経験できるような教育を実現することが極めて重要となる。

注

（1）塚本利明、星野徹訳『哲学的素描』法政大学出版局、一九七四年、九七頁。

（2）「生成の原理から導出される芸術教育の指導内容」については、音楽科の指導内容の四側面として、拙著『小学校音楽科カリキュラム構成に関する教育実践学的研究―「芸術の知」の能力の育成を目的として―』風間書房、二〇〇五年や拙稿「第一章　カリキュラムを支える哲学」（日本学校音楽教育実践学会編『生成を原理とする21世紀音楽カリキュラム―幼稚園から高等学校まで―』東京書籍、二〇〇六年）において提案している内容と基本的には同じである。
（3）「生成の原理による学習方法」についても、拙稿「第一章　カリキュラムを支える哲学」において提案している内容と基本的には同じである。
（4）D・M・スローンは、一九世紀と二〇世紀には、知と知ることのできる実在に関する次の三つの前提が思考や意識を支配するようになったと主張している。①主体と客体を分離する二元論と言う前提、②われわれが知ることができるのは、日常の身体感覚と感覚経験からの抽象をとおして与えられたものだけであるという前提。③究極的な実在は質、意識、生命をもたない量的なものであり、物理的な因果関係や外在的な関係の観点から機械論的に理解されるべきであると言う前提。（D・M・スローン、市村尚久監訳『知の扉を開く』玉川大学出版部、二〇〇二年、一二一―一二三頁）
（5）D・M・スローン、市村尚久監訳『知の扉を開く』玉川大学出版部、二〇〇二年、七〇―一一七頁。
（6）拙稿、「思考力育成における『芸術の知』の重要性」（『初等教育資料』六三八号、文部省、一九九五年、東洋館出版社）、七二―七五頁。
（7）拙著『小学校音楽科カリキュラム構成に関する教育実践学的研究―「芸術の知」の能力の育成を目的として―』風間書房、二〇〇五年、五五頁。

あとがき

本書の内容は、第一章から第十章まで、これまでに発表した論文から成っている。これらの論文は、読みやすいように若干の修正を加えているが、ほとんどがもとのままである。序章と終章は、今回この著書を纏めるに当たって書き下ろしたものである。各章のタイトルともとの論文との対応を示すと、次の通りである。（　）内は、もとの論文名および発表された機関誌名である。

序　章　本研究の目的と各章の概要
　書き下ろし
第一章　自然と精神の統一としての芸術的経験
（「デューイ芸術論の特徴―自然と精神の統一としての芸術的経験―」『日本デューイ学会紀要』第五三号、二〇一二年、八五–九五頁）
第二章　芸術的経験と感情
（「デューイ芸術経験論にみる感情の機能についての一考察」『日本デューイ学会紀要』第四二号、二〇〇一年、三七–四四頁）
第三章　芸術的経験論における表現内容としての「質」（quality）
（「デューイ芸術経験論にみる表現内容としての『性質』（quality）の捉え方についての一考察」『日本デューイ学会紀要』第四

三号、二〇〇二年、一二一-一二七頁）
第四章　芸術的経験論における表現内容としての「感覚的質」（sense quality）
（「デューイ芸術的経験論にみる表現内容としての感覚的性質に関する考察」『日本デューイ学会紀要』第四五号、二〇〇四年、一六二-一六九頁）
第五章　芸術的経験論における芸術の形式と実体（内容）の生成
（「J・デューイ芸術論にみる芸術の形式と実体（内容）の生成過程についての研究」『鳴門教育大学研究紀要』第二五巻、二〇一〇年、三一八-三二六頁）
第六章　芸術的経験論における想像力（imagination）の働き
（「デューイ芸術的経験論における想像力（imagination）の働きについての考察―芸術教育としての想像力育成の視点―」『日本デューイ学会紀要』第五四号、二〇一三年、八七-九七頁）
第七章　芸術的経験論における「批評」（criticism）の概念
（「J・デューイ芸術論にみる『批評』（criticism）の概念についての考察」『日本デューイ学会紀要』第四九号、二〇〇八年、一-九頁）
第八章　芸術的経験論における芸術の分類の考え方
（「デューイ芸術論にみる芸術の分類の考え方」『鳴門教育大学研究紀要』第二七巻、二〇一二年、三一一-三一八頁）
第九章　芸術的経験論における異民族芸術を経験することの意味
（「デューイ芸術論にみる異民族芸術を経験することの意味」『鳴門教育大学研究紀要』第二六巻、二〇一一年、二九七-三〇四頁）
第十章　芸術的経験論における「美」の捉え方の特徴
（「デューイ芸術論にみる美の捉え方の特徴―特に状況の性質（quality）と表現内容の性質（quality）に注目して―」『日本デューー

イ学会紀要』第四六号、二〇〇五年、一八八―一九五頁）
終　章　デューイ芸術的経験論から導出する芸術教育論――生成の原理による芸術教育哲学――
書き下ろし

以上の第一章から第十章までのデューイ芸術的経験論の理論的解明による理解は、必ずしも十分でない点もあると思われる。これらの点については、今後の研究によって、修正をしていきたいと考える。先学諸兄のご批判をお願いしたい。

ところで、筆者の専門分野は、音楽教育学でこれを音楽教育実践学、すなわち、音楽科の教科教育を実践に焦点化し、実践に生きる学問研究を指向する立場によって研究を推進してきた。この学問分野の進展は、実践的研究と理論的研究との相互作用による弁証法的発展によるという考え方から、その学問構造は、次のような三層によって捉えた。

第一層―実践論的研究
第二層―カリキュラム論的研究（この第二層の研究は、理論的側面と実践論的側面を備える。）
第三層―基礎理論的研究

本書の目的は、デューイ芸術論の研究で終わりとするのではなく、デューイ芸術論の理論的解明を通して芸術教育哲学、就中音楽教育の原理を導出することであった。その結果、芸術的経験の独自性は質の経験にあり、それは生成の原理によって認識されるという、生成の原理による芸術教育哲学を導出した。従って、著書の目的から、先の音楽教育実践学の学問構造における本書の位置は、第三層となり、その中でも新しい教育の価値を創出する規範学としての基礎理論的研究になる。

今後は、本研究の成果として導出した生成の原理による芸術教育哲学によって、生成の原理による音楽教育哲学を纏め、これによって子どもの学習において質の経験が得られる音楽カリキュラムと授業実践を創出し、実践に生きる理論としたい。

本書は、独立行政法人日本学術振興会平成二六年度科学研究費助成事業（科学研究費補助金）（研究成果公開促進費）の交付を受けて公刊したものである。本書のような学術研究の成果を著書として出版することは、現在の出版事情からなかなか難しい面がある。幸いにも科学研究費補助金の交付が得られ、出版できたことはたいへん有り難く思う。同振興会の関係各位に謝意を表したい。

この度も学術図書の出版として定評のある風間書房から刊行していただくことになった。本書の刊行を快くお引き受けいただいた風間書房社長風間敬子氏に、そして、編集の労をとっていただいた斉藤宗親氏に心よりお礼を申し上げたい。

平成二六年一二月

西園芳信

著者略歴

西園　芳信（にしぞの　よしのぶ）　博士（学校教育学）

1948年生まれ

現職　鳴門教育大学　理事・副学長

経歴　1973年武蔵野音楽大学大学院音楽研究科修士課程修了。1976年島根大学教育学部助手、同大学講師。1981年東京学芸大学教育学部講師、同大学助教授を経て、1995年鳴門教育大学学校教育学部教授（2010年より現職）。

専門　音楽教育学　教育実践学

主な著書

『音楽科カリキュラムの研究―原理と展開―』（単著）音楽之友社　1984

『音楽科の学習指導と評価』（単著）日本書籍　1987

『総合的な学習と音楽表現』（共著）黎明書房　2000

『小学校音楽科カリキュラム構成に関する教育実践学的研究―「芸術の知」の能力の育成を目的として―』（単著）風間書房　2005

『教育実践学を中核とする教員養成コア・カリキュラム―鳴門プラン―』（編著）暁教育図書　2006

『教育実践から捉える教員養成のための教科内容学研究』（共編著）風間書房　2009

『中学校音楽科の授業と学力育成』廣済堂あかつき（監修）2009

学会及び社会活動

日本学校音楽教育実践学会、日本教科教育学会、日本デューイ学会、日本教科内容学会。中央教育審議会専門委員、第３期、第４期（芸術）、「小学校学習指導要領音楽調査研究協力者」、「高等学校指導資料（音楽）作成協力者」、「中学校学習指導要領（音楽）の改善に関する調査協力者」、「中学校学習指導要領音楽編作成協力者」、「評価規準、評価方法作成協力者」。

質の経験としてのデューイ芸術的経験論と教育

二〇一五年一月三一日　初版第1刷発行

著者　西園芳信

発行者　風間敬子

発行所　株式会社　風間書房

101-0051　東京都千代田区神田神保町一－三四

電話　〇三－三二九一－五七二九

FAX　〇三－三二九一－五七五七

振替　〇〇一一〇－五－一八五三

印刷　富士リプロ

製本　井上製本所

NDC 分類：371

ISBN978-4-7599-2060-4　Printed in Japan